FORTUNATUS

Vögel am Fenster

DIE FÜTTERUNG IM WINTER

LANDBUCH-VERLAG GMBH · HANNOVER

Joachim Fesq: 6 Fotos
Hans Laßwitz: 2 Fotos
Alfons Plucinski: 19 Fotos und Schutzumschlag
Erich Wobbe: 1 Foto
Zeichnungen: Margarete Berner

---

4. Auflage
Alle Rechte vorbehalten
ISBN 3 7842 0162 8
Herstellung und Druck: Landbuch-Verlag GmbH, Hannover
Printed in Germany
1976

Einleitung

Seit es Menschen gibt, haben sie in die Natur einzugreifen versucht. Wo einst Wälder, Blumen und Gräser wuchsen, stehen heute unsere steinernen Städte. Natürlicher Mischwald, Moor und Heide wurden durch schnurgerade ausgerichtete Reihen von Kiefern, Fichten und Buchen ersetzt. Moderne Bäume und Beerensträucher sind selten geworden. Unkräuter auf unseren Äckern werden mit allen Mitteln bekämpft; Ödländereien — ein Tummel- und Lebensplatz für unsere Tierwelt — werden zur einseitigen Kultursteppe verwandelt. Und doch hat sich die Natur nicht besiegen lassen. Überall regt sich Leben, aber es ist oft ein mühsames und gefährliches Leben.

Auch unsere Vögel leiden Not, wenn der Winter sie überfällt. Sie finden nur wenig natürliche Nahrung. Wir Menschen haben sie ihnen genommen. Um so mehr haben wir die Pflicht, ihnen zu helfen.
Dieses Büchlein will dabei hilfreich sein. Es zeigt in einigen Bildern und einem knappen Text das Notwendige auf, das wir tun müssen, um unsere Vogelwelt zu erhalten. Zugleich zeigt es dem Laien, welche Vögel zur Fütterung an unser Fenster oder an die Futterstelle im Garten kommen. Wenn wir dann das oft muntere Treiben und das farbenprächtige Spiel beobachten, ist die Freude, die wir empfinden, mehr Lohn, als wir erwarten durften.

*

Wie füttern wir?

Am häufigsten sieht man, daß ohne Umstände auf der Fensterbank gefüttert wird. Das ist bequem, aber falsch. Wir sollten immer daran denken, daß möglichst viele der folgenden Bedingungen bei der Vogelfütterung erfüllt werden.

1. Das Futter muß vor Regen, Schnee, Eis und Wind geschützt sein.
2. Mäuse, Katzen und Eichhörnchen sowie Elstern und Eichelhäher sollen die Fütterung nicht erreichen können.
3. Die Futtergeräte sollen möglichst vor Spatzen sicher sein.
4. Wer das Füttern beginnt, muß regelmäßig füttern.
5. Küchenabfälle, Brot, Käserinden und alles, was gesalzen ist, darf nicht gefüttert werden.

6. Der Futterverbrauch soll sparsam sein, damit die Vögel nicht „bequem" werden und die natürliche Nahrungssuche unterlassen.
7. Die Futtergeräte sollen einfach und übersehbar sein. Wir u n d die Vögel wollen sehen, ob die Futterstelle besetzt ist.

Es gibt eine Reihe von Winterfuttergeräten, die den hier angeführten Bedingungen nahe kommen. Lassen wir uns durch die Abbildungen in diesem Büchlein anregen!

Anstelle der Fütterung auf der Fensterbank sei hier vor allem der F e n s t e r f u t t e r k a s t e n empfohlen,

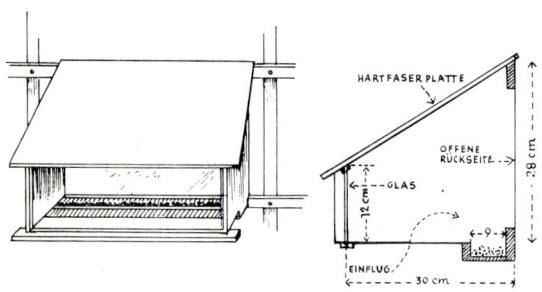

Abb. 1 Fensterfutterkasten

der vielen Anforderungen genügt (Siehe Abb. 1) Im Handel kann man aber auch brauchbare kleine bis allerkleinste Futtergeräte kaufen, die ihren Zweck erfüllen. Wer gern bastelt, baut sich einen Futterkasten selbst. Da kommt eine Freude zur anderen. Beim Eigenbau eines Futterkastens sind der Phantasie keine Grenzen gesetzt. Auch die Größe ist gleichgültig. Man sollte nur darauf achten, daß das Futter vor Witterungseinflüssen geschützt ist. Man baut also ein kleines Tischchen, das ringsherum Leisten erhält, und über dieses Tischchen baut man ein Dach, soviel größer, daß die Vögel von u̱ṉṯeṉ her anfliegen können. (Abb. 2) Da die

Abb. 2

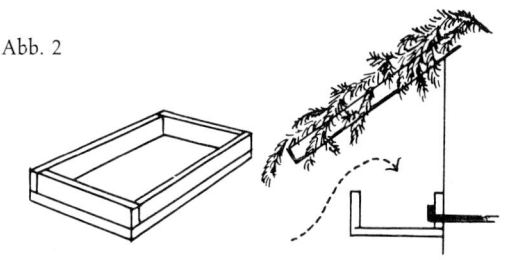

Einfache Fütterung unter vorspringendem Dach

Vögel es lieben, auch bei der Nahrungsaufnahme die Umgebung zu beachten und wir uns freuen, wenn wir unsere Vögel beobachten können, wird das Dach gewissermaßen über einige Glasscheiben oder auch durchsichtige Kunftstoffplatten gesetzt. Aber — wie gesagt — der Phantasie sind beim Erfinden keine Grenzen gesetzt. Bedingung ist nur in j e d e m   F a l l : das Futter darf von Regen und

Abb. 3

Dieses Futterhaus schadet mehr als es nützt, weil es keiner der geforderten Bedingungen entspricht.

Schnee nicht erreicht werden, auch bei Wind nicht, und muß für unerwünschte Gäste unzugänglich sein! Bevor man mit dem Bau eines Futtergerätes beginnt, sollte man sich irgendwo, zum Beispiel in den öffentlichen Anlagen, ein sogenanntes Hessisches

Futterhaus ansehen. Dann weiß man, worauf es im Prinzip ankommt. Alle Futterkästen und Futterhäuser sind selbstverständlich auch fertig zu kaufen. Oft sieht man in gepflegten Gärten schöne Futterhäuser, manchmal mit Schilf gedeckt, manchmal kunstvoll aus Birkenästen zusammengesetzt. Viele dieser Futterhäuser mögen sehr gefällig sein, lassen aber schon bei leichtem Wind dem Regen und dem Schnee von den Seiten her Zutritt — so daß sie eher Schaden als Nutzen stiften. — Im übrigen möge der Leser sich mit den Abbildungen in diesem Büchlein beschäftigen. Sie zeigen einige bewährte Klein- und Kleinstfuttergeräte. (Abb. 4.)

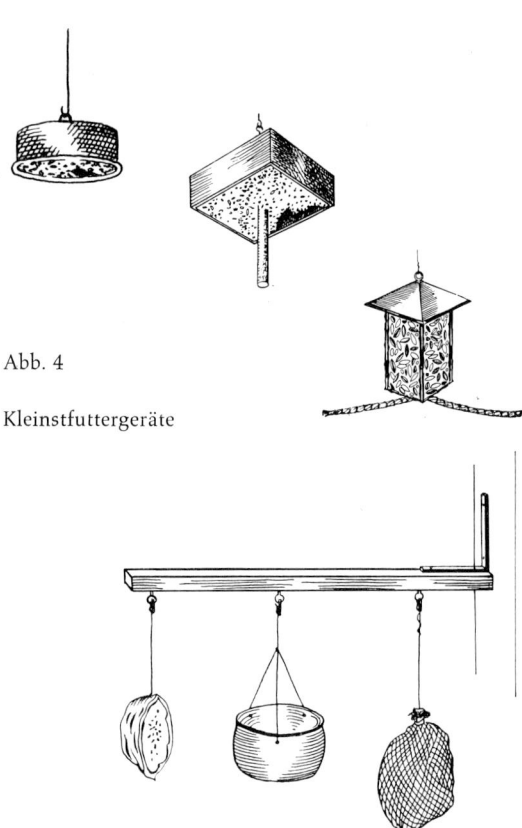

Abb. 4

Kleinstfuttergeräte

Der Galgen auf Seite 12 unten sollte nur unter einem Dach aufgehängt werden, weil der Eimer (Mitte) das Futter nicht gegen den Regen und Schnee schützt.

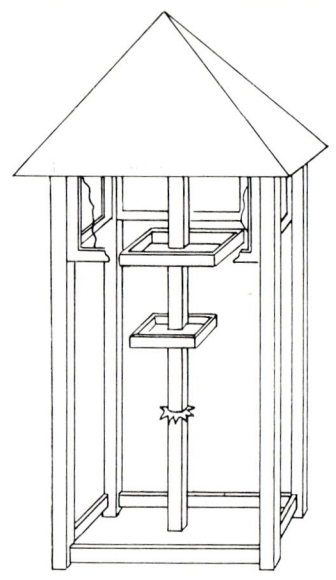

Abb. 5 Großes Hessisches Futterhaus

Ein Wort zum Hessen-Futterhaus. Es ist wohl das verbreitetste größere Futtergerät, das wir kennen. Gewiß ist es nützlich, dennoch sind die modernen Ornithologen nicht uneingeschränkt begeistert von ihm. Es hat Schwächen. So halten sich die Sperlinge oft den ganzen Tag beim Hessen-Futterhaus auf. Sie müssen jedoch unbedingt kurz gehalten werden, weil sie andere Vögel von der

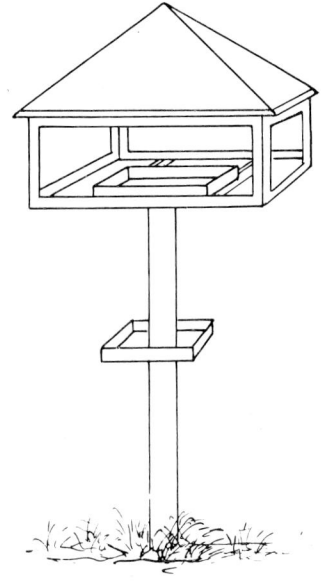

Abb. 6   Kleines Hessisches Futterhaus

Wenn man die Mittelstange aus Metall (Gasrohr) nimmt, ist dieses Futterhaus mäusesicher.

Futterstelle verdrängen, im Sommer die Nisthöhlen besetzen und so zum Rückgang — etwa der Meisen — beitragen. Es gibt noch viele andere Gründe. Auf alle Fälle ist es widersinnig, die Spatzen erst durchzufüttern, um sie später unter Aufsicht der Vogelschutzwarten vermindern zu müssen. Außerdem bieten das Hessen-Futterhaus und viele andere ähnliche Geräte dem Eichelhäher, der Elster, dem Eichhörnchen und vor allem den Mäusen reiche Nahrung. Sobald eines von diesen Tieren am Futterhaus ist, läßt sich kein Vogel sehen. Das Hessen-Futterhaus soll a u c h da sein, aber es darf niemals die einzige Futterstelle sein. (Abb. 5 und 6.)

*

Bislang haben wir nur von Geräten gesprochen, in die als Futter Körner gestreut werden. Aber wir müssen noch ein wenig mehr tun, weil es neben den Körnerfressern auch Vögel gibt, die hauptsächlich tierische Nahrung (Insekten, Würmer usw.) zu sich nehmen und als Weich- oder Insektenfresser bezeichnet werden. Diese benötigen im Winter vor allem Fett. Für sie kann man daher Fettfuttergeräte kaufen, zu denen die bekannten Meisenringe gehören. (Es gibt jedoch Besseres!) Doch jedermanns Geldbeutel reicht dazu nicht aus. Außerdem macht es viel mehr Freude, wenn wir uns mit leichter Mühe die Futtergeräte selbst herstellen, oder sagen wir besser: vorhandene „Geräte" für die Fütterung herrichten, zum Beispiel einen alten Blumentopf. Auch die bekannten Meisenringe kann man mühelos selbst herstellen. Wie das gemacht wird, lesen wir im Kapitel „Was füttern wir?".

Hier wollen wir noch ein Gerät beschreiben, das sich in der Praxis bewährt hat. Es ist leicht zu bauen und vor den meisten ungebetenen Gästen sicher, das Westfälische Futterdach. (Siehe Abb. 7.) Die Länge ist ziemlich gleichgültig, doch

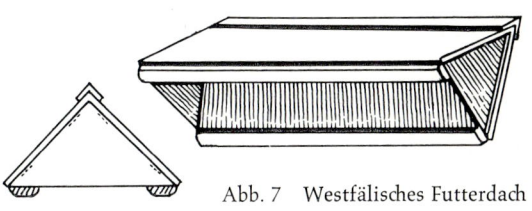

Abb. 7 Westfälisches Futterdach

gilt der Grundsatz: je kleiner und beweglicher, desto besser. Bewährt haben sich die westfälischen

Futterdächer in einer Länge von etwa 35 cm. Über eine Länge von 65 cm sollte man nicht hinausgehen. Die Giebelhöhe soll etwa 5 bis 6 cm betragen. Das Dach, rechtwinklig, hat Bretter von etwa 8 cm Breite. Zwei Leistchen müssen dann noch unten angebracht werden, an denen sich die Meisen festhalten können. Die Leisten sollen nicht breiter als 1,5 cm und nicht dicker als 0,5 cm sein. Sie werden so angebracht, daß sie bündig mit dem Dach abschließen, also etwa 0,5 cm nach innen überstehen, wenn man als Dachbretter eine Stärke von 1 cm verwendet. Das Überstehen nach innen ist wichtig, damit sich die Meisen festhalten können. Schließlich bringe man zweckmäßig noch einige längere Leistchen im Innern an, damit die Futtermasse Halt findet. Welche Futtermasse wir verwenden, lesen wir im Kapitel: „Was füttern wir?"

Sehr brauchbar ist sogenanntes F u t t e r h o l z. (Siehe Abb. 8.) Man trennt ein etwa 50 cm langes Bambusstück oder einen starken Sonnenblumenstengel der Länge nach so auf, daß etwa zwei Drittel übrig bleiben. Das Mark wird entfernt, nur an den Enden muß ein Verschluß sein, damit die Futtermasse nicht auslaufen kann. Je eine Kerbe

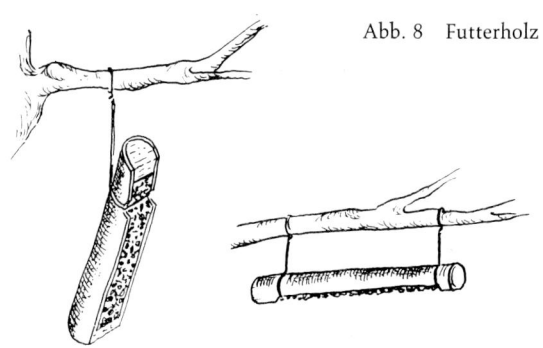

Abb. 8 Futterholz

zur Aufnahme des Befestigungsbindfadens an den beiden Enden sind noch nötig, dann kann die Futtermasse eingefüllt werden. Man kann diesen kleinen Futtertrog ebenso senkrecht wie waagerecht hängend an einen Ast binden. Auch fest auf einen Ast oder an einen Stamm gebunden, tut er gute Dienste.

Wer nicht die Zeit hat, seine Futterstelle täglich zu beschicken, oder wer einen weiten Weg zu seinem Garten hat, kann sich auch eine einfache automatische Fütterung bauen. Keine Angst vor dem Wort automatisch! Es handelt sich um eine ganz einfache Sache. Nachteil vieler automatischer Fütterungen

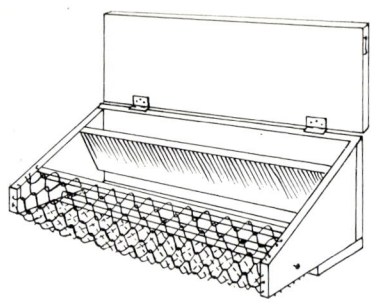

Abb. 9 Einfache automatische Fütterung

ist nur, daß sich die Spatzen den Löwenanteil holen. Immerhin leisten sie doch neben den beschriebenen Futtergeräten, die ja auch für mehrere Tage Futter enthalten, Vorzügliches. Die Größe der automatischen Fütterung ist aus unserer Abb. Nr. 9 und Abb. Nr. 10 zu ersehen. Die Länge spielt keine Rolle. Je länger sie ist — über 65 cm sollte man nicht hinausgehen — desto weniger stören sich die Besucher. Die einfache Fütterung (siehe Abb. Nr. 9) befestigt man auf je einer Leiste von etwa 3 cm Stärke, damit zwischen Rückwand und Dach ein Hohlraum entsteht, sonst kann man das mit Scharnieren befestigte Dach nicht öffnen. Das Dach soll

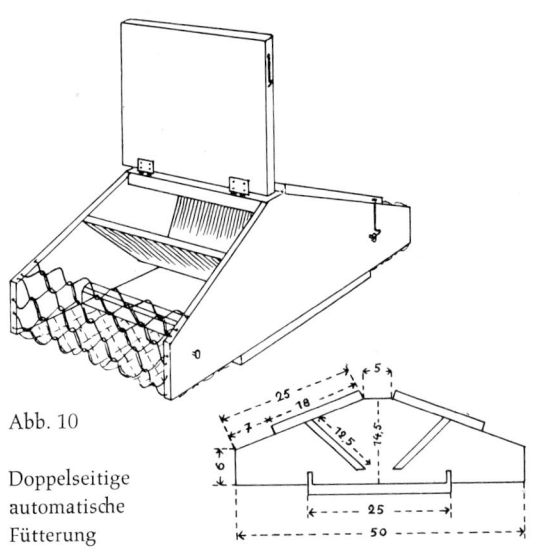

Abb. 10

Doppelseitige automatische Fütterung

über den Futterkasten wenigstens 5 cm hinausragen. Der Maschendraht soll 3 cm Durchmesser haben, nicht mehr, damit die Spatzen nicht hindurchschlüpfen können. Wer die zweiseitige Fütterung wählt, sollte sie nicht länger als 25 bis 30 cm machen, sie wird sonst zu schwer. Die zweiseitige selbsttätige Fütterung wird an Drähten frei aufgehängt, sie ist dann auch mäusesicher und erfüllt alle Anforderungen. Auf den Draht im Innern legt man einige Fettfutterbrocken, um die Meisen anzulocken. Fettzweige, mit einem Nagel befestigt, dienen dem gleichen Zweck. Das Dach wird mit Dachpappe geschützt. — Diese Fütterungen, die ich mir selbst ausgedacht und gebaut habe, haben sich in meinem Garten gut bewährt. Sie sind notwendig, wenn man einige Tage verreist.

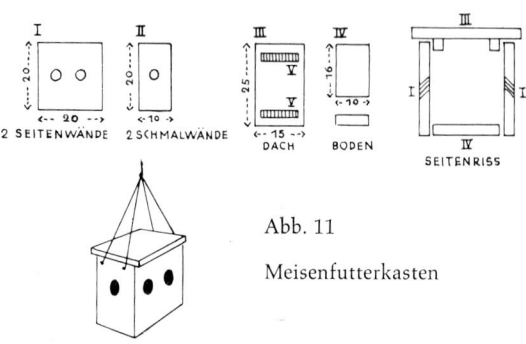

Abb. 11

Meisenfutterkasten

Auch der Meisenfutterkasten hat sich gut bewährt. (Siehe Abb. 11.) Die Löcher sollen nicht mehr als 32 mm Durchmesser haben.

Für Amseln, Rotkehlchen, Buchfinken und Tauben richten wir eine Fütterung auf dem Boden ein. Man schlägt vier Pfähle in die Erde, verbindet sie mit Latten, legt Bretter oder dichte Zweige (Fichten) darüber und fertig ist die Sache. Höhe etwa 35 bis 50 cm. Größe beliebig. – Diese Futterstelle sollte man in einiger Entfernung mit Maschendraht gegen Katzen schützen. Er braucht nicht höher als 70 cm zu sein. Der Katze gelingt die Überraschung dann nicht. Unsere Gäste schlüpfen leicht durch den Hühnerdraht hindurch. (Abb. Nr. 12.)

Abb. 12   Bodenfütterung

Futterstellen richten wir im Garten — womöglich an mehreren Plätzen — ein, damit sich unsere Gäste nicht gegenseitig stören. Mit Futterruten oder Futterzapfen „leiten" wir die Meisen zur Futterstelle.

∗

Was füttern wir?

Wir haben daran zu denken, daß es Körnerfresser und Weichfresser gibt. Beide verlangen verschiedenes Futter.
Beschäftigen wir uns zunächst mit den Körnerfressern! Am einfachsten ist es, fertig gepacktes Futter zu kaufen. Es wird gewöhnlich unter dem Namen „Waldvogelfutter" oder „Streufutter" verkauft. Diesem fertig gemischtem Futter sollte man grundsätzlich Mohn zusetzen, auf 2 bis 3 Pfund etwa ein Viertel Pfund. Wir kommen aber billiger zu unserem Futter, wenn wir die einzelnen Bestandteile in nicht zu kleinen Mengen kaufen und die Mischung selbst herstellen. Dies hat noch den Vorteil, daß wir uns individuell auf die Besucher unserer Futterstelle einstellen können. Wie wichtig

das ist, mögen einige Beispiele erläutern. Wenn wir den Kernbeißer in unserer Fütterung erwarten können, sollten wir unter das Futter einige Kirsch- und Pflaumenkerne mischen, weil sie ihm besonders zusagen. Die Buchfinken, zu denen sich oft die noch hübscher gezeichneten Bergfinken gesellen, lieben Bucheckern, die wir von Wanderungen leicht mitbringen können. Kürbiskerne, auf die Hälfte zerkleinert, sind Leckerbissen für Meisen, Kleiber und Grünfinken. Es ist also gar nicht schwer, „individuelles" Futter zu bieten.

Im allgemeinen sieht die Futtermischung für Körnerfresser so aus: Grundbestandteile sind etwa ein Drittel Hanf, ein Drittel Sonnenblumenkerne und als letztes Drittel eine Mischung von Hafer, Weizen, Mohn und Hirse. Es kommt gar nicht darauf an, ob wir genau ein Drittel treffen. Die Menge der einzelnen Bestandteile kann sich ruhig ein wenig verschieben. Schon nach wenigen Tagen erfahren wir ja, welche Körner unsere gefiederten Besucher vorziehen.

Die Fütterung der Körnerfresser ist also recht einfach. Etwas schwieriger ist die der Weichfresser. Der Name ist nicht sehr glücklich gewählt, er kann leicht falsche Vorstellungen wecken. Es gehören nämlich auch die Insektenfresser dazu, die oft tierische Nahrung zerhacken müssen wie es z. B. die Meisen im Sommer tun. Darum kann man, wenn man im Winter eine Meise einen Sonnenblumenkern aufhacken sieht, nur sagen: da ist nichts Weiches dran! Am besten versteht man den Unterschied zwischen Körner- und Weichfressern, wenn man sich die allbekannten Meisenringe vorstellt. Diese Meisenringe bestehen aus Fett, in das Körner eingemengt sind. Die Weichfresser benötigen also im Winter als Ersatz für die fehlende tierische eine besonders fettreiche Nahrung. Damit sind wir bei unserem Stichwort. Für die Weichfresser mischen wir die verschiedenen Körner mit Fett. Das ist so einfach, daß unsere Kinder diese Arbeit machen können. Man kauft beim Metzger Rindertalg und beim Samenfachhändler oder in einer Tierfutterhandlung Weizenkleie. Dann erhitzt man den Talg auf kleiner Flamme, bis er flüssig ist, und mischt die gleiche Menge Weizenkleie darunter, indem man sie einfach einrührt. Dadurch entsteht ein dicker Futterbrei, der noch warm in einen Behälter gefüllt und fest angedrückt wird.

Wer für verschiedene Kleinvogelarten mehr tun will, stellt ein Futtergemisch her, das abwechslungsreicher ist. Man nimmt Wildbeeren, Hanf- und Sonnenblumenkerne, Mohn (dies alles zu gleichen Teilen) und dann noch (etwa die Hälfte davon) Korinthen, zerkleinerte Hasel- oder Walnußkerne und Hafermehl. Das Ganze vermischt man mit ausgelassenem Rindertalg und füllt es in einen Behälter.

Man sollte mit diesem Gemisch auch einen Zweig oder Fichtenzapfen übergießen, so daß nach dem Erkalten die Futtermasse mit dem Fett daran haften bleibt. Zapfen oder Zweige hängt man im Schatten auf. Sie sind sehr beliebt.

Als Behälter kann man schlechthin alles wählen, was nicht bei Regen aufweicht. Etwa einen Blumentopf. Durch das Loch zieht man einen dünnen Ast, der oben und unten 7 cm überragen soll. Unten können sich die Meisen festhalten, oben bringen wir die Befestigung an. Damit der Stock nicht durchrutscht, schlagen wir in entsprechender Höhe einen Nagel durch. Auch die beliebten Meisenringe kann man selbst herstellen. Man nimmt einen tiefen Teller, setzt in seine Mitte eine umgedrehte

Tasse und gießt das Ganze mit Futtermasse aus. Mit ein wenig Überlegung finden sich viele größere und kleinere „Geräte", die man zur Meisenring-Herstellung oder als Futtergeräte verwenden kann. Es gibt auch Weichfresser, die ihre Nahrung nicht gern von freihängenden Geräten nehmen, zum Beispiel das Rotkehlchen. Für sie streut man einzelne Brocken des Futtergemisches in das Bodenfutterhäuschen. Die Brocken werden nach dem Erkalten der Futtermasse zwischen den Fingern gerieben und zerkrümelt. Will man ein übriges tun, streut man einige Korinthen in das Futterhäuschen. Beliebt sind auch Erdnüsse, zerkleinerte Haselnüsse und Pinienkerne, die aber nicht gesalzen sein dürfen. Man muß sie entweder kleinhacken oder einfach durch die Kaffeemühle drehen. Auch Haferflocken werden selbstverständlich gern genommen.

Falsch aber ist es, Brot zu füttern. Brot zieht leicht Feuchtigkeit an und verdirbt, oder es quillt im Magen unserer Gäste auf. Die Folge kann der Tod sein. Allenfalls kann man Weißbrot- oder Kuchenkrümel verwenden. Gesäuertes Brot jedoch ist Gift. Es ist nicht jedermanns Sache, weit vorausschauend zu handeln. Vogelfreunde sollen das aber tun. Sie können mit leichter Mühe im Spätsommer oder im Herbst die Fruchtstände vom Holunder, von der Vogelbeere, sogar von Disteln und Kletten sammeln. Sie werden zu Sträußen zusammengebunden und an einem trockenen, luftigen Platz getrocknet. Der Samen gibt dann im Winter eine vorzügliche Beigabe zu unserem Futter. Die reifen Sonnenblumen im Garten werden im Herbst bestimmt von den Vögeln abgeerntet, wenn man die Kerne nicht durch ein Stückchen alter Gardine oder einen ähnlichen Stoff sichert.

Fünf Pfund Rindertalg kosten ungefähr eine Mark. In Streifen geschnitten und auf ein Brettchen gebunden, gibt roher Rindertalg ein vorzügliches Futter für die Meisen.

Fett, auch Speckschwarten, die man den Meisen reicht, müssen immer ungesalzen sein. Wenn man solche Streifen ungesalzener Speckschwarten für die Meisen und die Kleiber aushängt, muß man beachten, daß sie nicht breiter als 5 cm sein dürfen, damit sich die Vögel nicht das Gefieder einfetten können.

Die Futtermittel

1 *Öl- und fetthaltige Früchte, wie*

Sonnenblumenkerne, Kürbis- und Melonenkerne, Kirschkerne, Pflaumenkerne, Gurkenkerne, Obstkerne, Pinienkerne, Hanf, Rübsen, Mohn, Glanz- auch Spitzsamen, Hirse, Leinsamen, Früchte des Pimpernußbaumes, des Pfaffenhütchenstrauches usw.

2. *Alle Samen oder Früchte von Bäumen, wie*

Wal- und Haselnüsse, Bucheckern, Eicheln, Birkensamen, Fichtensamen, Erlen-, Ahorn-, Eschensamen usw.

3. *Unkrautsamen aller Art, wie*

Distelsamen, Klettensamen, Kornblumensamen, Wucherkleesamen, Kornradesamen, Vogelwickensamen, Hirtentäschelkrautsamen, Vogelknöterichsamen, die Samen der Wegericharten,

Königskerzensamen, Nachtkerzensamen, Melde usw.

4. *Beeren aller Art, wie*

Holunder-, Vogelbeere, Johannisbeere, Weinbeere (Korinthen), Weißdorn-, Wacholder- Mistel-, Schneebeere, Liguster-, Preiselbeere, Pfaffenkäppchen-, Traubenkirsche, Kornelkirsche, Efeubeeren, wilder Wein usw.

5. *Getreide, wie*

Hafer (geschält), rohe Haferflocken, Gerste (Gerstengrütze), Weizen, Kleie.

6. *Fleisch, ungesalzen, fetthaltig*

Roher Rindertalg, Rindertalg, ungesalzen mit Kleie und Samen gemischt, Speckschwarten (ungesalzen), Schlachtabfälle. Jäger hängen im Wald Fuchs-, Dachs- und Katzenkerne auf.

7. *Brot*

Niemals gesäuertes Brot, höchstens Weißbrot- oder Kuchenkrümel, aber davon nur soviel, wie s o f o r t verzehrt werden kann.

8. *Grünzeug, wie*

   Salat, Kohlreste usw.

9. *Obst, wie*

   Äpfel- und Birnenreste (mit Kernen!)

10. *Druschäbfälle*

    sind vorzügliches Vogelfutter für Körnerfresser.

11. *Kartoffeln*

    werden zwar angenommen, sollten aber möglichst nicht gegeben werden; wenn aber, dann n u r mit Haferflocken zu gleichen Teilen gemischt.

12. *Nie Küchenabfälle, wie*

    Käserinden, Wurststückchen oder Pelle (Haut). Alles Gesalzene ist für die Vögel Gift!

Kürbis-, Melonen- und Pflaumenkerne und Eicheln werden zerkleinert oder halbiert. Nüsse zerkleinert man oder mahlt sie durch die Kaffeemühle.

Futtermittel für Weichfresser

1. 1 Teil Rindertalg
    1 Teil Weizenkleie

2   1 Teil Wildbeeren (Vogelbeere, Wacholderbeere, Johannisbeere, Ligusterbeere, Efeubeere usw.)
    1 Teil Hanf
    1 Teil Sonnenblumenkerne, davon die Hälfte durch eine alte Kaffeemühle gedreht
    1 Teil Mohn
    ¹/₂ Teil Korinthen
    ¹/₂ Teil Nüsse (Hasel-, Wal- oder Erdnüsse) zerkleinert oder durch die Kaffeemühle gedreht
    ¹/₂ Teil Haferflocken oder Weizenkleie
    5 bis 6 Teile Rindertalg

Auf etwa 6 Pfund Rindertalg nimmt man also etwa je 1 Pfund Nüsse, Korinthen usw. Bei kleineren Mengen muß man das Verhältnis entsprechend ändern.

Diese Mischung ist besonders vielseitig und gut für Kleinvögel geeignet.

Beide Futtermischungen werden in langsam erwärmten Rindertalg eingerührt und dann in die Behälter gefüllt.

Futtermischungen für Körnerfresser

1. 1 Teil Hanf
   1 Teil Sonnenblumenkerne
   1 Teil etwa zu gleichen Teilen Hafer, Weizen, Mohn und Hirse

2. 1 Teil Hanf
   1 Teil Hafer und Weizen
   1 Teil Mohn, weiße Hirse, Spitzsamen (oder Glanz)

3. 1 Teil Hanf
   1 Teil Spitzsamen oder Glanz
   1 Teil Hirse
   1½ Teil Mohn
   1½ Teil Rübsen
   ½ Teil Hafer
   ½ Teil Negersaat
   ½ Teil Sonnenblumenkerne
   ½ Teil Leinsamen

Zu allen Futtermischungen kann man beliebig Fichtensamen, Birkensamen oder Unkrautsamen beisetzen.
Zu jedem fertig gekauften Mischfutter sollte man etwa ein Achtel des Gewichts der Futtermischung Mohn zusetzen.

Futtermischungen für Körner- und Weichfresser

Alles, was wir von Seite 31 an unter dem Titel „Die Futtermittel" aufgeführt haben, je reichhaltiger die Mischung, desto besser. Man sollte etwas Grünzeug, Salat, Äpfel- und Birnenkerne sowie Obstreste nicht vergessen.

※

Wann füttern wir?

Die modernen Ornithologen vertreten die Meinung, man soll die Vögel mit der Fütterung nicht verwöhnen. Unsere Fütterung darf also nicht zu früh einsetzen, sonst werden die Gäste bequem, kommen nur noch zur Futterstelle und suchen sich natürliches Futter überhaupt nicht mehr. Keine noch so gute Fütterung aber kann das natürliche Futter ersetzen.

Es ist schwer, ein genaues Datum anzugeben, wann wir mit dem Füttern beginnen sollen. Nur daran müssen wir denken: sobald die Nachtfröste einsetzen und es vielleicht vorher geregnet hat, so daß Baum und Strauch von einer dünnen Eisschicht überzogen sind, müssen sich unsere gefiederten

Freunde bereits an die Fütterung gewöhnt haben. Gerade der Wechsel zwischen Tauwetter und Frostwetter ist die gefährliche Zeit für unsere Vögel.

Die meisten unserer gefiederten Gäste können nur wenige Stunden ohne Futter sein. Deshalb füttern wir vor allem regelmäßig!

Es wird wahrscheinlich richtig sein, wenn wir die Fütterung Ende September Anfang Oktober mit kleinen Gaben beginnen. Die Vögel haben es schnell heraus, daß an der Futterstelle immer einige Leckerbissen zu finden sind. Auf ihren täglichen Streifflügen gewöhnen sie sich bald daran, bei unserer Futterstelle Nachschau zu halten. Macht es die Witterung dann nötig, ist es ein Leichtes, die Futtermenge zu vergrößern. Wenn man anfängt zu füttern, muß man dafür sorgen, daß täglich eine Futtergabe gereicht wird.

Ganz falsch ist es, zu früh mit dem Füttern aufzuhören. Wenn die Sonne scheint und die Meisen mit dem Nestbau beginnen, glauben wir allzu gern, daß nun auch genügend Futter vorhanden sei. Das ist aber nicht der Fall. Die Insekten kommen erst Ende April oder Anfang Mai aus ihren Verstecken. Wir müssen also — das ist die Lehre dieser Einsicht —

bis Anfang Mai füttern, bei kaltem, regnerischem Wetter sogar noch länger.

Am besten füttert man abends oder früh morgens, damit die Vögel mit dem Hellwerden Futter vorfinden. Ich habe in meinem Garten beobachtet, daß zwar den ganzen Tag über Betrieb an der Futterstelle herrschte, daß aber bestimmte Vögel, etwa die Dompfaffen, sich zu bestimmten Zeiten einfanden. Ich konnte weiter feststellen, daß starke Flüge von Sperlingen, Goldammern und Meisen regelmäßig in der Mittagszeit an der Futterstelle erschienen.

Wo füttern wir?

Natürlich an unserer Futterstelle. Die meisten Vogelfreunde hängen sich eines der modernen Plastik-Futterhäuschen direkt an das Fenster und wieder andere sind in der Lage, die Futterstelle in ihrem Garten einzurichten. Man kann auch beides verbinden und zwei Futterstellen — eine am Fenster und eine im Garten — einrichten.

Wenn wir unsere Futterstelle am Fenster haben, müssen wir bedenken, daß unsere Gäste im allgemeinen scheue Wald- oder Feldbewohner sind, die eine Störung gerade beim Füttern schlecht vertragen. Man darf also, wenn eine Blaumeise am Futterhäuschen ist, das an der Fensterscheibe hängt, nicht zu nah herangehen, selbst wenn manche Meisenarten sehr vertraut mit uns werden und mitunter das Futter sogar aus unserer Hand nehmen.

Dazu gehört aber Geduld. Als Regel gilt: ein wenig Rücksicht nehmen und die Beobachtungen aus dem Hintergrund durchführen!

Man hat viele Futtergeräte konstruiert, die „sperlingssicher" sein sollen. Es wird behauptet, daß Sperlinge nicht an die Meisenglocken herangehen, weil sie gern im Sitzen Nahrung aufnehmen und sich angeblich nicht so festklammern können, wie die Meisen. Wer aber eine Futterstelle hat, wird bald eines anderen belehrt. Die Sperlinge, oder wenigstens einige von ihnen, lernen leider sehr schnell auch aus der Meisenglocke zu stiebitzen. Es ist bekannt, daß manche Vögel ihre Nahrung am liebsten auf dem Boden aufnehmen, andere in etwa Mannshöhe. So sieht man Amseln, Rotkehlchen und Tauben meist auf dem Boden nach den Resten suchen, die vom Futterhäuschen heruntergefallen sind. Man sollte deshalb in einem schneereichen Winter aus Brettern ein kleines Dach herstellen, unter das man ein oder zwei Handvoll Futter wirft, damit die „bodenfressenden" Vögel hier zu ihrem Recht kommen. Leider kann man die Spatzen von der Bodenfütterung nicht fernhalten. (Siehe auch Zeichnung auf Seite 23.)

Auch der Standort des Futterhäuschens ist zu beachten. Unsere Singvögel werden leicht vom Sperber geschlagen. Wenn sie daher von der Futterstelle bis zum nächsten Gebüsch einen zu weiten Weg zurückzulegen haben, meiden sie diese Futterstelle. Man kann also die Futterstelle entweder direkt an eine Hecke, an bzw. in einem Gebüsch aufstellen, oder nur wenig davon entfernt. Der Vogel beobachtet seine Umgebung bei jeder Tätigkeit sehr genau. Deshalb sollte das Gebüsch oder die Hecke, in der die Fütterung ist, nicht zu dicht sein.

Mit ein wenig Überlegung kann man alle diese Fragen leicht lösen. An jedem Haus, in jedem Vorgarten, in jedem Garten befindet sich ein Plätzchen, das für die Vogelfütterung geeignet ist. Wir sollten froh sein, daß selbst mitten in der Stadt und im tiefen Winter wenigstens die Sperlinge und hier und da einmal ein Buchfink uns Gesellschaft leisten, auch wenn der nächste Baum einhundert Meter und weiter entfernt steht. Es sei noch einmal darauf hingewiesen, daß im Garten — wo möglich — mehrere Futterstellen angebracht werden sollen.

Ein Wort zu den Bildern

Wer sich noch etwas Sinn für das Geschehen in der Natur bewahrt hat, wird kaum eine größere Freude finden, als unsere Vögel an der winterlichen Futterstelle zu beobachten. Es ist ein ständiges Kommen und Gehen, das sich unserem Auge bietet. — Das Erfrischende und fast Wunderbare ist, daß sich jeder Vogel so zeigt, wie er wirklich ist. Da gibt es keine Verstellung, keine falsche Zier. Es ist ein Teil wahrer Natur, das wir mit Freuden in uns aufnehmen. Die Bilder wurden alle in der freien Natur — größtenteils an der Futterstelle — aufgenommen. An dunklen Wintertagen keine leichte Aufgabe für die Fotografen.

Der Sperling

Viele wissen nicht oder nehmen nicht wahr, daß das Männchen des Haussperlings anders aussieht als das Weibchen, und noch weniger Menschen wissen, daß wir bei uns zwei Arten von Sperlingen haben, in Europa sogar fünf. Die allerwenigsten Vogelfreunde aber wissen, daß wir den Sperling zu den Singvögeln rechnen. So unbekannt ist der „bekannte" Spatz.

An den Fütterungen, gleichgültig ob auf dem einfachen Fensterbrett oder an der prächtigen Gartenfütterung, treffen wir am häufigsten den Haussperling an. Er ist ein robuster Geselle, der sich geradezu bewunderungswürdig an das menschliche Leben angepaßt hat. Manche aus seiner

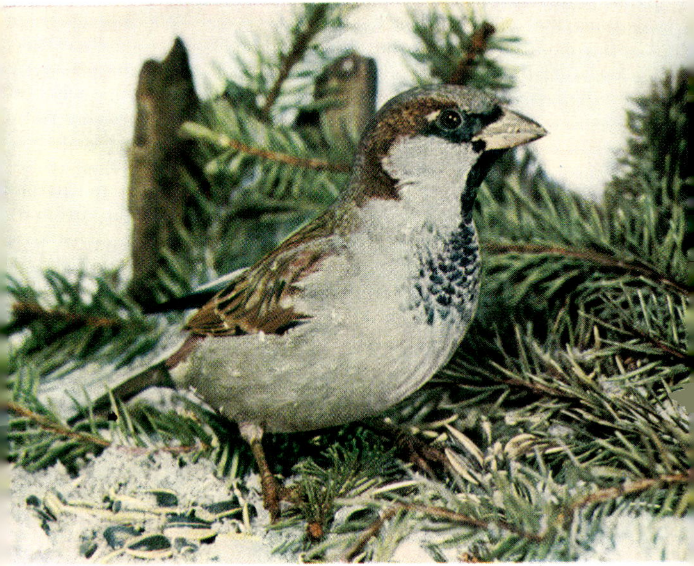

Andere Namen:	Spatz, Sperling, Sperr, Mistfink und andere.
Größe:	Flügelmaß etwa 8 cm, Gewicht etwa 30 g.
Besondere Kennzeichen:	Kein schwarzer Wangenfleck. Kopfmitte grau bis grau-braun. Zänkisches Wesen.
Färbung:	Männchen mit dunkelgrauem Scheitel, rotbraunem Nacken und schwarzer Kehle. Weibchen am Kopf schlicht grau-braun.
Stimme:	Schilp, schilp, fast immer zeternd.
Nahrung im Winter:	Allesfresser: Korn, Samen aller Art, auch Beeren, Gemüse, Salat. Nicht wählerisch.
Leckerbissen:	Obst.
Standort:	Bleibt im Winter bei uns und oft immer in der Nähe von Gebäuden.

Sippe kriegen zeitlebens keinen Baum und keinen Strauch zu sehen, obwohl die Vorfahren einst am Rande von Grassteppen lebten und ihre Nester auf Bäumen bauten. Heute ist der Spatz ein Höhlenbrüter geworden, er findet überall eine lockere Dachpfanne oder ein Loch, in das er sein Nest hineinbauen kann. Er ist ein Kulturfolger im wahrsten Sinne des Wortes geworden, wenn wir den Bau unserer Städte als eine Kulturtat ansehen. Der Feldsperling läßt sich leicht vom Haussperling unterscheiden. Wie schon sein Name sagt, liebt er das Feld, die Feldgehölze; er lebt mehr am Rande der menschlichen Siedlungen. Deshalb werden wir ihn auch kaum mitten in der Stadt antreffen.

Bei ihm sind Männchen und Weibchen gleichgefärbt. Neben dem schokoladenbraunen Scheitel ist vor allem der deutlich schwarze Wangenfleck für ihn bezeichnend. Dieser fehlt dem Haussperling bei beiden Geschlechtern, die außerdem erhebliche

Färbungsunterschiede besitzen. Das Männchen mit seinem dunkelgrauen Scheitel, dem kastanienbraunen Nacken und dem schwarzen Kehlfleck ist weit bunter als das am Kopf braungrau gefärbte Weibchen mit seiner schmutziggrauweißen Kehle.

Man kann nicht umhin, die Pfiffigkeit und Beharrlichkeit des Sperlings zu bewundern.

Trotzdem sollten alle wahren Vogelfreunde — bis auf die Bewohner des Zentrums der städtischen Steinwüsten, für die der Hausspatz vielleicht das einzige Stück lebendige Natur ist, das sie tagelang zu sehen bekommen — sich zu dem notwendigen Entschluß durchringen, seinen Bestand so niedrig wie irgend möglich zu halten.

Sonst werden sie viel Kummer mit ihm haben, weil er durch sein aufdringliches, lärmendes und unsauberes Wesen die anderen, weit wertvolleren gefiederten Gäste in Haus, Hof und Garten verdrängt

Das Bild zeigt einen Feldsperling im Sommer, ein Winterbild stand nicht zur Verfügung.

Andere Namen:	Feldspatz, Holz-, Wald- oder Braunsperling.
Größe:	Etwas kleiner als der Haussperling.
Besondere Kennzeichen:	Schwarzer Wangenfleck, kupferbraune Kopfplatte.
Färbung:	Männchen und Weibchen gleichgefärbt. Weißer Halsring im Nacken.
Stimme:	Flugruf: Teck-teck. Sonst Tschik, tschop und wiederholtes Tschitschap. Alle Laute etwas zarter als beim Hausspatz.
Nahrung im Winter:	Allesfresser wie der Haussperling.
Leckerbissen:	Mehlige und ölige Samen (Mohn).
Standort:	Bleibt im Winter bei uns, streicht auf den Feldern umher.

und an Erdbeeren, Kirschen, Gemüsesaaten und Getreide empfindlichen Schaden anrichtet, den er durch das nicht zu leugnende, gelegentliche Verzehren von Insekten bei weitem nicht wiedergutmachen kann.

Man sollte meinen, ein Vogel, der sich so nah an den Menschen angeschlossen hat, hätte seine Scheu vor den Menschen verloren. Keineswegs! Der Sperling ist bis heute mißtrauisch geblieben. Er ist immer auf der Hut, auch wenn er in unserer unmittelbaren Nähe herumhüpft. Der Feldsperling ist noch scheuer als der Haussperling. Es kommt vor, daß eine Kohlmeise sich das Futter aus der Hand eines Menschen holt. Der Spatz tut das nie.

An der Fütterung behauptet er seinen Platz und bleibt oft stundenlang da, zum Kummer der anderen Vögel. Daher müssen wir ihn soweit als möglich davon ausschließen, was allerdings bei seiner Findigkeit und Zähigkeit oft keineswegs einfach ist.

Der Grünling

Dieser Vogel trägt seinen Namen zu recht: viele Vögel haben die grüne Farbe in ihrem Kleid, aber es gibt keinen, der im Frühjahr so leuchtend grüngelb aussieht wie das Grünlingsmännchen. Im Sommer verleiht ihm seine Farbe so gute Tarnung, daß wir ihn seltener beobachten als an unserer winterlichen Fütterung. Da fällt er nicht nur durch sein Gefieder auf, sondern auch durch sein Benehmen. Er ist zwar ein naher Verwandter unseres Buchfinken, aber der ist ein Kavalier gegen den Grünfinken, wie er auch genannt wird.

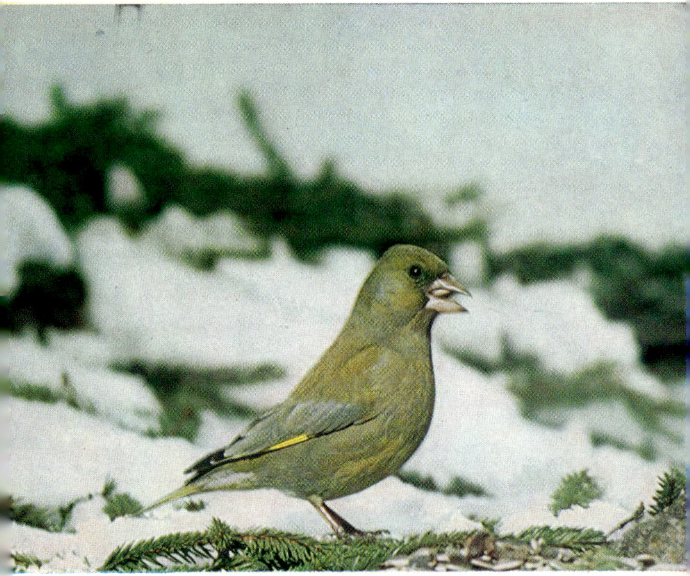

Andere Namen:	Grünfink, Schwunsch, Grinzling und andere.
Größe:	Wie ein Sperling.
Besondere Kennzeichen:	Auffallend gelber Streifen am Flügel und Schwanz und heller Kegelschnabel.
Färbung:	Männchen olivgrün, Weibchen weniger grün und gelb, mehr grau.
Stimme:	Gückgückgück und hoid. Zur Brutzeit merkwürdiges Kreischen „Schüäh", das wie Schoinsch oder Schwunsch klingt, daher der Name.
Nahrung im Winter:	Alle Arten von Samen, Grünzeug, Beeren.
Leckerbissen:	Hanf, Rübensamen.
Standort:	Bleibt bei uns, streicht manchmal weit umher.

Man will beobachtet haben, daß die Zahl der Grünlinge zugenommen hat. Das kann durchaus zutreffen, denn gar so leicht läßt er sich auch an der Fütterung nicht vertreiben. Er ist also, wie man so sagt, ein wenig dickfellig. Und die Dickfelligen, das ist überall so, kommen meist mit den Fährnissen des Lebens besser zurecht als die Empfindlichen.

An der Fütterung ist der Grünling jedenfalls ein oft zu beobachtender Gast. Der aufmerksame Beobachter wird bald feststellen, daß die Finkenvögel, also auch unser Grünling und der Buchfink, ihr Futter niemals mit den Zehen festhalten und dann aufschlagen, wie es die Meisen machen, sondern einfach die Körner (oder was sie gerade zu sich nehmen) mit dem starken Schnabel zerdrücken.

Was wir sonst noch über den Grünling wissen sollen, sagt unsere Tabelle. Er lebt übrigens in baum- und gebüschreichem Gelände. Unsere Gärten sind also gerade richtig für ihn.

Der Buchfink

Den Buchfinken kennen wir alle. Er ist in den Gärten, bei unseren Häusern und nicht zuletzt an unserer Fensterfütterung ein gern gesehener Gast. Da er uns Menschen kaum Schaden zufügt, ist er natürlich besonders beliebt.
Wir brauchen den „Edelfinken", wie ihn Brehm immer nannte, nicht zu beschreiben, weil ihn jedermann kennt. Außerdem gibt unsere kurzgefaßte Tabelle einige Auskunft. Was aber viele Freunde des Buchfinken nicht wissen, deutet sein wissenschaftlicher Name *„Fringilla coelebs L."* an; coelebs heißt nämlich „der Unvermählte". Diese Bezeichnung findet ihren Grund in der Tatsache, daß fast nur die Männchen im Winter bei uns zu beobachten sind, also Junggesellen oder „Ehe-

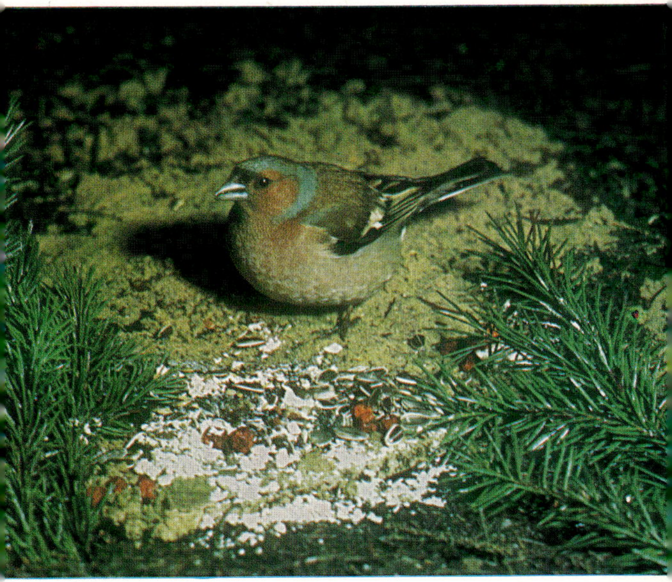

Andere Namen:	Edelfink, Blutfink, Fink, Gerstenfink, Waldfink u. a.
Größe:	Wie Feldsperling.
Besondere Kennzeichen:	Weiße Flügelbinden, moosgrüner Bürzel.
Färbung:	Männchen bunt, Scheitel und Nacken blaugrau. Unterseite rötlichbraun. — Weibchen schlicht braungrau.
Stimme:	Pink, pink. Im Flug jüb, jüb. Manchmal weiches Rrüht, rrüht (Regenruf genannt). Im Sommer hübscher Gesang.
Nahrung im Winter:	Unkrautsamen, Hanf, Sommerrübsen, Bucheckern.
Leckerbissen:	Nicht wählerisch.
Standort:	Zugvogel, zum Teil wohl auch bei uns überwinternd. Oder sind es nordische Zuwanderer? Die Weibchen ziehen weiter nach Südwesten als die Männchen, die im Winter bei uns überwiegen.

lose" sind. Übrigens sind die Weibchen wesentlich einfacher gefärbt.

Im Winter hören wir das scharfe „Pink, Pink", woher wohl auch der Name kommen mag. Seine sommerlichen Lieder, der berühmte „Finkenschlag", sind ein wenig hart, aber doch sehr beliebt. Im Oberharz geht diese Liebe sogar so weit, daß man die Edelfinken in Käfige sperrt und zu Pfingsten regelrechte Wettsingen veranstaltet. Wer die Gelegenheit hat, sollte sich solch ein Volksfest — so kann man es fast bezeichnen — einmal ansehen und anhören. Von weit her kommen die Männer und Frauen mit ihren Käfigen, die in Tücher eingehüllt sind. Man muß freilich früh aufstehen, wenn man heraushören will, wieviel Strophen einzelne Vögel singen. Es ist eine Wissenschaft für sich. — Häufig hört man ein „Rrüht" oder „Irrt" von ihm, das man sich nicht recht erklären kann. Man nennt es „Rülschen" oder im Volksmund „Regenruf". Es ist als ein Zeichen von Unbehagen zu deuten;

z. B. bei gewisser Bedrohung, bei Ärger oder Witterungswechsel.
Innerhalb des sogenannten „Finkenschlages" unterscheiden die Oberharzer — alle anderen Kenner aber auch — wieder besondere Tonreihen, für die sie auch einzelne Bezeichnungen haben. — In den letzten Jahren will man beobachtet haben, daß das am Schluß eines Liedes ertönende dreisilbige Tongebilde immer seltener wird. Auch zweisilbige Strophen sollen seltener werden. Der ganze „Finkenschlag" besteht aus einer vierteiligen, dreiteiligen und zweiteiligen Strophe, die wir in meiner Jugend mit: „Bin ich nicht ein schöner Finkenhahn" übersetzten. Heute deutet man ihn auch zeitgemäß als: „Ich, ich, ich, ich schreibe an die Regierung."
Man kann den Gesang unserer Vögel nicht in Noten darstellen; unsere Übersetzungen können daher nur den Rhythmus des Gesangs ungefähr wiedergeben. Der Anfänger hat damit ein brauchbares Hilfsmittel, den Gesang überhaupt wiederzuerken-

Buchfink im Winterkleid

nen. — Das Weibchen soll manchmal auch singen. Es bleibt dann aber bei einem ziemlich stümperhaften Gestammel. Der Gesang ist nicht angeboren. Jeder Buchfink muß das Singen erlernen. Es lohnt sich, im Frühjahr darauf zu achten.

Im Winter ist der Buchfink wohl der bescheidenste von unseren Gästen. Es gibt nie Streit mit ihm — außer mit anderen Buchfinken — und er nimmt buchstäblich nur das, was die anderen Vögel übriglassen. Um so interessanter ist es, den Edelfinken im Frühjahr zu beobachten. Dann sitzt er selbstbewußt — wenn man diese Eigenschaft überhaupt einem Vogel unterstellen darf — auf einem Ast und schmettert sein Liedchen hinaus in die weite Welt. Wer Gelegenheit hat, möge aber einmal darauf achten, daß für den Buchfinken die Welt gar nicht so weit ist. Wenigstens im Frühjahr und Sommer nicht. Während das Weibchen brütet und kaum zu sehen ist, singt das Männchen immer wieder sein Liedchen. Vielleicht soll es dem Nebenbuhler bedeuten: „Hier bin ich, das ist mein Gebiet!" Dieses Gebiet ist recht klein, man kann keine genauen Maße dafür angeben, weil da viele Dinge eine Rolle mitspielen, vor allem die Ernährungsgrundlage, sicher aber ist, daß der Edelfink „sein" Gebiet gegen jeden Eindringling tapfer verteidigt. Natürlich nur gegen Eindringlinge gleicher Art.

Wenn die Paare nicht mehr brüten und die jungen Finken groß sind, sammeln sie sich zu großen Scharen, die dann später zum Süden fliegen. Recht verträglich sind sie aber auch in dieser Zeit untereinander nicht. Es hat vielleicht seinen Grund, daß es fast nur ältere Männchen sein sollen, die im Winter bei uns bleiben. Auch Männer wollen manchmal ihre Ruhe haben!

Man kann sagen: Wo es Bäume gibt, gibt es auch Buchfinken.

Unsere Bilder zeigen das Buchfinkenmännchen einmal im Winter- und einmal im Sommerkleid.

Der Bergfink

Der Bergfink — unser Bild zeigt ein Männchen — ist ein hübscher Vogel, der in die winterliche Landschaft ein wenig Farbe bringt. Er hat leider eine häßliche Stimme, wenigstens für das menschliche Ohr. Man hört sein rauhes „Quäk" deutlich aus Schwärmen von Feldsperlingen, Ammern, Hänflingen und Grünlingen heraus. — Das Weibchen ist einfacher gefärbt und kann bei nur flüchtigem Hinsehen mit dem Buchfinkenweibchen verwechselt werden. Ein geübter Blick erkennt den Irrtum allerdings sofort an dem weißen Bürzel. Im Winter ist das Männchen am Kopf

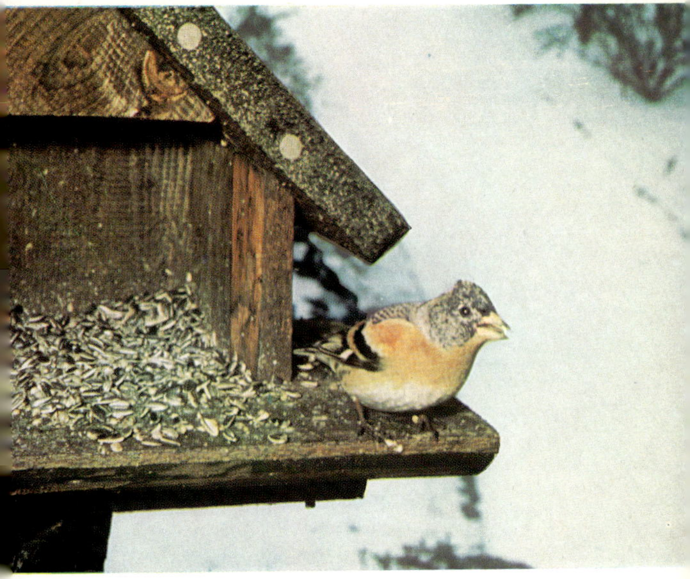

Andere Namen:	Quäker, Tannfink, Winterfink, Quätschfink.
Größe:	Wie Feldsperling.
Besondere Kennzeichen:	Weißer Bürzel, orangefarbene Schultern.
Färbung:	Flügel buchfinkenähnlich. Männchen auf Kopf und Rücken mehr oder minder schwarz, Weibchen dort braun, dunklergeschuppt.
Stimme:	Häßliches „Quäk", rauh, gequetscht.
Nahrung im Winter:	Ölhaltige Samen. — Nicht wählerisch.
Leckerbissen:	Bucheckern.
Standort:	Meist Durchzügler. Gewöhnlich von September bis November und von März bis April bei uns, gelegentlich den ganzen Winter über.

nicht so schwarz wie im Frühjahr, sondern matter schwarzbraungeschuppt gefärbt.

Der Bergfink ist ein Durchzügler, der von September bis November aus dem hohen Norden zu uns kommt und manchmal den Winter über bleibt. Im März/April erfolgt der Rückflug in die Heimat. Ohne Baumwuchs kommt er nicht aus. Nur in sehr strengen Wintern zieht er bis in die Dörfer und Städte.

Der Quäker, wie er seiner quäkenden Laute wegen auch genannt wird, ist ein netter und zutraulicher Geselle. Er fürchtet den Menschen nicht. Unseren Buchfinken ist er nahe verwandt. Die Spatzen vertreiben ihn wohl manchmal von der Fütterung, aber er regt sich darüber nicht auf und ist bald wieder da. Man hat übrigens festgestellt, daß der gleiche Vogel mehrere Jahre in die gleiche Winterherberge zurückkehrt. Ein Grund mehr für uns, ihm das Winterfutter zu gönnen. Unsere Tabelle gibt über seine Winternahrung Auskunft.

Die Kohlmeise

Von allen Meisen kommt die Kohlmeise am häufigsten bei uns vor. Sie ist die lauteste, größte und, wenn man das von einem Vogel behaupten darf, die frechste. Damit soll gesagt werden, daß sich die Kohlmeise schon einiges zutraut und oft im Kampf mit dem doch als robust bekannten Sperling Sieger bleibt. Sie ist in ganz Europa bis auf den äußersten Norden zu Hause und überall ziemlich häufig.

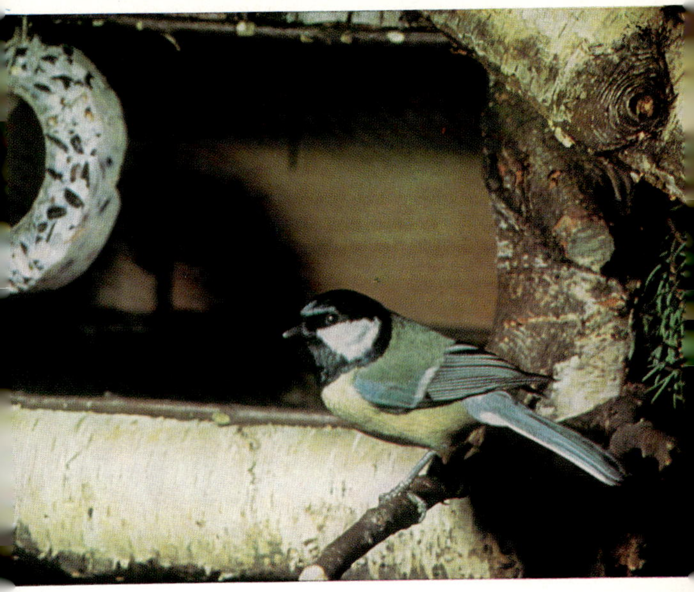

Andere Namen:	Finkenmeise, Brandmeise, Talgmeise, Pickmeise.
Größe:	Etwas kleiner als Haussperling.
Besondere Kennzeichen:	Schwarzes Längsband mitten auf der gelben Unterseite. Größte unserer Meisen.
Färbung:	Männchen und Weibchen fast gleich. Kopf, Hals und Kehle schwarz, Oberrücken olivgrün, Unterrücken bleigrau, weiße, schwarzumrahmte Wangen.
Stimme:	Pink, pink (ähnlich, aber klangvoller als beim Buchfink). Zizigäh, zizigäh, Titi-titi, zituit-zituit. Zetern gleichhoch Rretettetet.
Nahrung im Winter:	Sonnenblumenkerne, Hanf, Rindertalg.
Leckerbissen:	Zerkleinerte Nüsse.
Standort:	Bleibt im Winter bei uns. Altvögel vielfach ortstreu; Junge öfters umherstreichend.

Überall ist sie gern gesehen. Nicht nur deshalb, weil selbst die Nützlichkeitsfanatiker kaum etwas an ihr auszusetzen haben, sondern weil sie mitten im Winter mit ihrem fröhlichen und klangvollen „Pink, Pink", das sie sehr oft ruft, ein wenig Leben in die Landschaft bringt. Nicht zuletzt ist es auch ihr schönes buntes Kleid, das uns im trüben Grau oder eintönigen winterlichen Weiß Freude macht. Von eigenartigem Reiz ist es, das kleine Lied „Zizigäh" zu hören, wenn draußen Bäume und Büsche noch tief verschneit sind. Das läßt selbst manchen völlig naturfremden Großstädter aufhorchen, weil es den Vorfrühling einläutet und wirklich lustig in der sonst trüben Umgebung klingt. Sicher ist, daß dieser Ruf zu den ersten Vogelrufen im Frühling gehört.

Die Kohlmeise ist, außer dem Spatzen natürlich, am häufigsten an unseren Fütterungen zu finden. Wir können uns nur darüber freuen.

Die Blaumeise

Wupp, ist sie da und — wupp, ist sie schon wieder weg. Das geht wie der Blitz. Sie läßt uns kaum Zeit, sie richtig zu erkennen. Mal hängt sie an einem Zweig, ob kopfüber oder kopfunter scheint ihr nichts auszumachen, mal fliegt sie blitzschnell den Meisenring oder die Fütterung an und schon ist sie wieder im Gezweig verschwunden. Ja, das ist wirklich ein reizender, kleiner Federball, der sich immer zu unserer Freude an der Fütterung einfindet. Die Blaumeise kommt nicht so

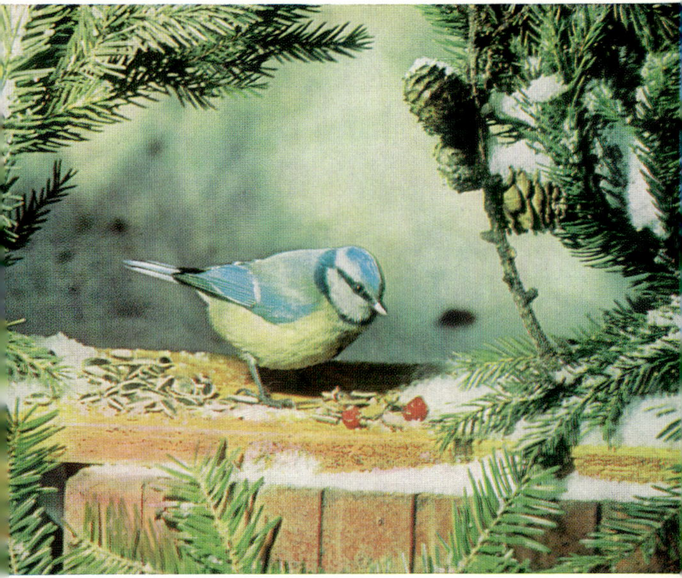

Andere Namen:	Mehlmeise, Pumpelmeise, Blaumüller.
Größe:	Kleiner als Spatz.
Besondere Kennzeichen:	Männchen und Weibchen fast gleich. Schmaler Augenstreifen. Sehr lebhaft. Scheitel, Flügel und Schwanz hellblau.
Färbung:	Kopfplatte blau, weiß eingefaßt. Olivgrüner Rücken, gelbe Unterseite. Weiße, dunkelblau umsäumte Wangen. Männchen und Weibchen fast gleichgefärbt.
Stimme:	Zarter als die der Kohlmeise. Silberheller Triller Zizizirr oder Zizihihihi. Zeternd ansteigend Zerrrrététét.
Nahrung im Winter:	Sehr ähnlich der Kohlmeise; gern Beeren und Früchte.
Leckerbissen:	Zerkleinerte Nüsse.
Standort:	Streicht zum Teil ziemlich weit umher.

häufig vor wie die Kohlmeise, ist aber doch an fast allen Fütterungen zu finden. Auch wenn sie uns wenig Zeit läßt, ist sie doch leicht zu erkennen. Die hellblau leuchtende Kopfplatte ist weiß umrändert; der olivgrüne Rücken bildet zu den blauen Flügeln einen hübschen Kontrast, der durch die gelbe Unterseite noch verstärkt wird. Das alles ist so typisch für die Blaumeise, daß sie nicht schwer zu erkennen ist.

Sie wird von allen Menschen geliebt. Keinem schadet sie, allen nützt sie. Das spielt für die menschliche Sympathie bekanntlich eine große Rolle. Ihre Stimme ist so wie ihr Wesen und ihre Gestalt, hastig, zart, vielleicht ein wenig hart: Zizizirr, zizihihihi klingt sie hell durch den Wintertag. Manchmal hören wir sogar in Schnee und Eis ihr kleines Lied, ein silberhelles „Zizizirr" mit einem hohen Anfangston und einem absinkenden Triller. Dann wissen wir, daß der Frühling bald kommt.

Die Sumpf- oder besser Nonnenmeise

Sie kommt niemals in großen Schwärmen an unsere Fütterungen, sondern immer nur paarweise Genauso flink wie die Blaumeise, genauso groß, verschwindet sie im Handumdrehen, um bald wieder da zu sein. Den erbeuteten Sonnenblumenkern nimmt sie wie alle anderen Meisen zwischen die Zehen und zerkleinert ihn. Das ist ein hübscher Anblick. Der Kleiber dagegen steckt den Kern in eine Ritze und zerkleinert ihn dann. Die Finkenvögel

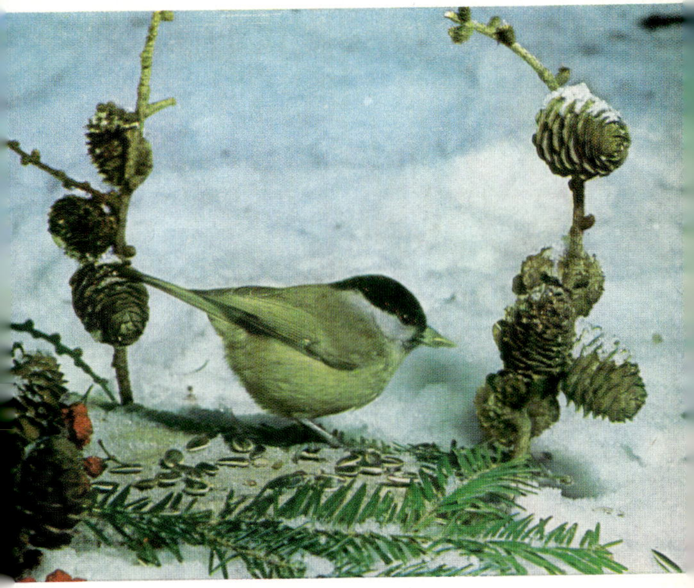

Andere Namen:	Nonnen-, Platt-, Glanzkopf-, Mönchsmeise.
Größe:	Kleiner als ein Spatz.
Besondere Kennzeichen:	Schwarze Kopfplatte und weiße Wangen ohne dunkle Umrahmung.
Färbung:	Braungraue Oberseite, kleiner schwarzer Kehlfleck. Männchen und Weibchen gleichgefärbt. Heinroth sagt: Je weiter nach Westen, desto brauner wird ihr Rücken.
Stimme:	Pistjä, zjä-dä-dä.
Nahrung im Winter:	Feine Samen, Mohn, Sommerrübsen, Hanf, Beeren, Rindertalg, Sonnenblumenkerne.
Leckerbissen:	Zerkleinerte Nüsse.
Standort:	Bleibt im Winter bei uns. Streicht paarweise umher.

können nichts mit den Zehen festhalten. Es ist merkwürdig, daß sich der Name Sumpfmeise eingebürgert hat. Sie hat in keiner Beziehung etwas mit Sumpf zu tun, lebt überall in unseren Gärten, Parkanlagen und am liebsten in Laub- und Mischwäldern.

Zu erkennen ist sie leicht an ihrer braunen Oberseite, dem glänzend schwarzen Scheitel und Fehlen einer dunklen Einfassung der weißen Wangen. Ihr eifriges Hämmern hat ihr den treffenden Beinamen „Meister Hämmerlein" eingetragen. Die Sumpfmeise ist ein schlichter, bescheidener Vogel, sie zieht sich vor der größeren Kohlmeise und vor anderen Vögeln zurück. Vielleicht lieben wir deshalb gerade sie besonders, weil ihr Wesen wie Bescheidenheit auf uns wirkt.

Die Sumpfmeise mit ihrem schlichten Kleidchen beweist, daß Einfaches oft bezaubernder wirken kann als bunte Pracht. Unsere Tabelle sagt noch ein wenig mehr über sie.

Die Tannenmeise

Die Tannenmeise ist wesentlich kleiner als die Kohlmeise, zeigt aber eine gewisse Ähnlichkeit des Gefieders — insbesondere des Kopfes — mit ihr, bis auf das Fehlen der gelben Unterseite. Außerdem besitzt sie von allen Meisen als einzige einen rechteckigen weißen Fleck im blauschwarzen Nacken, der sie sofort eindeutig kenntlich macht.

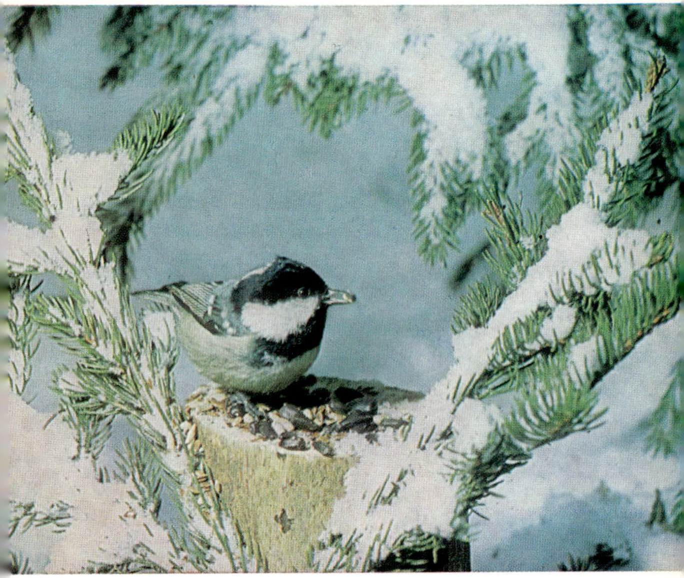

Andere Namen:	Schwarzmeise, Hundsmeise, Stichelschmied.
Größe:	Viel kleiner als ein Spatz.
Besondere Kennzeichen:	Schwarzköpfig mit weißem Nakkenfleck.
Färbung:	Männchen und Weibchen gleichgefärbt. Blauschwarzer Scheitel, oliv-graue Oberseite mit zwei schmalen weißen Binden am schiefergrauen Flügel. Unterseite weißlich mit rahmfarbenen Flanken.
Stimme:	Sehr zartes Sissi-sissi-sissi, klares Tsi, Wietze-wietze-wietze im Frühjahr.
Nahrung im Winter:	Kleine fetthaltige Samen, wie Mohn, am besten Samen aus den Zapfen der Fichten, Tannen, Kiefern, Talg.
Leckerbissen:	Zerkleinerte Nüsse. Zerkleinert auch selbst alle Nahrung.
Standort:	Streicht weit umher, oft auch in Gesellschaft anderer Meisen.

In Erregung sträubt sie gern die blauschwarzen Scheitelfedern, so daß ein kleines Häubchen entsteht.

Ihren Namen hat sie erhalten, weil sie hauptsächlich in Nadelwäldern lebt. Sie kommt aber auch — wenn sie nicht gerade brütet — im Laubwald, in Obstgärten und Parkanlagen vor.

An unseren Futterstellen erscheinen manchmal schon ab September ganze Schwärme von Tannenmeisen, die ihre Heimat in den nordischen Ländern haben. Die Tannenmeise ist ein hübscher kleiner Kerl, munter und immer beschäftigt, wie die meisten unserer Vögel. Rücken, Schwanz und Flügel tragen ein dunkles Schiefergrau, das von schmalen weißen Flügelbinden unterbrochen wird. An der Unterseite ist die Tannenmeise gelblich- bis schmutzig-weiß. Der weiße Nackenfleck bleibt in jedem Fall das beste Erkennungszeichen.

Die Haubenmeise

Die Haubenmeise zählt zu den merkwürdigsten Erscheinungen unserer Vogelwelt. Das kleine Häubchen auf dem Kopf verleiht ihr ein recht eigenartiges Aussehen, vielleicht weil diese Haube im Verhältnis zu dem kleinen Körper ein wenig zu groß ist. Warum gerade sie dieses spitze emporgehobene Häubchen besitzt, vermag man nicht zu ergründen. Jedenfalls kann sie damit ihre Gemütsbewegungen recht gut ausdrücken. Je größer ihre Erregung ist, desto steiler richtet sie die schwarzweißgemusterte Haube auf, während sie beim eifrigen Herumklettern in den Spitzen der Nadelbäume während der Nahrungssuche die Federhaube flach angelegt trägt.

Bei der Schnelligkeit ihrer Bewegungen ist sie meist nur einen Augenblick lang im Gezweig zu sehen. Viel öfter kann man ihre Anwesenheit an ihren bezeichnenden, wie „Gürr", „Zigürr" oder „Zigigürr" klingenden Rufen erkennen.

An die Futterstelle kommt dieser kleine Vogel selten. Er braucht zu seinem Leben Nadelhölzer. Die müßten also in der Nähe der Fütterung sein.

Sein Häubchen ist schwarz mit weißen Punkten, sonst ist die Haubenmeise hauptsächlich braungrau und schmutzigweiß. Zurückhaltend in der Farbe, aber dennoch hübsch.

Alles Weitere ist aus unserer Tabelle zu ersehen.

Die Baumläufer

Wir kennen zwei Baumläufer, den Garten- und den Waldbaumläufer. Beide zu unterscheiden ist ein Kunststück, das wir den Fachleuten überlassen wollen. Beide können im Winter, allerdings recht selten, an unsere Fütterung kommen. Der Waldbaumläufer jedoch seltener. Sie bleiben bei uns und streichen dann — oft in kleinen Trupps — weit umher. Dabei kommen sie sogar in Gegenden, in denen nur wenig Bäume stehen.

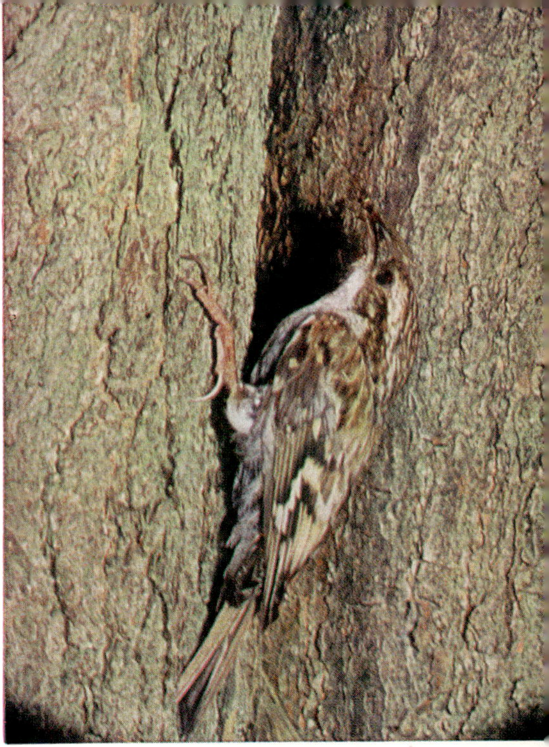

Andere Namen:	Rindenkleber, Baumrutscher, Baumreiter.
Größe:	Viel kleiner als ein Spatz.
Besondere Kennzeichen:	Rutscht, auf den Schwanz gestützt, ruckweise — meist in Spiralen — an Baumstämmen hinauf und stochert mit dem dünnen, gebogenen Schnabel in der Rinde.
Färbung:	Auf der Oberseite bräunlich wie die Baumrinde, unten hell. Männchen und Weibchen gleich.
Stimme:	Der Gartenbaumläufer lockt mit „Ti, ti, ti", der Waldbaumläufer mit feinem „Srih, srih". Im Vorfrühling ruft ersterer „Bin ich nicht das kleine Mäuschen", letzterer „Tisititirr-tirrrtwing".
Nahrung im Winter:	Ölhaltige kleine Samen wie Mohn, Rübsen, Hanf nur gequetscht.
Leckerbissen:	Beeren, Früchte.
Standort:	Bleibt im Winter bei uns, streicht weit umher.

Die Baumläufer sind behende Gesellen. Die kleinsten unserer Singvögel sind die Goldhähnchen. Die Baumläufer sind nur wenig größer. Aber so klein sie sind, so behende sind sie auch. Sie holen das ganze Jahr über Insekten aus den Ritzen und Spalten der Baumrinde heraus. Dafür haben sie den langen, gebogenen, spitzen Schnabel und die großen Zehen. Es ist interessant zu beobachten, wie der kleine Vogel immer unten am Baumstamm mit seiner Arbeit beginnt, um dann spiralförmig nach oben zu klettern. Hat man den lebhaften Burschen eben entdeckt, ist er im nächsten Augenblick schon wieder hinter dem Stamm verschwunden. Das geht so blitzschnell, daß man ihn nur ganz selten einmal längere Zeit beobachten kann.

Er braucht also zum Leben Gärten, Parkanlagen und Wälder mit alten Bäumen, deren rissige Rinde den Insekten gute Verstecke bietet.

Der Kleiber

Der Kleiber ist der einzige, der das Kunststück meistert, den Baumstamm hinauf- und wieder herunterzulaufen. Er hat keinen Stützschwanz wie der Specht, sondern läuft ganz frei. Sein gedrungener Körperbau und seine großen Zehen befähigen ihn dazu. Er tut das alles nicht zum Vergnügen, es ist seine Arbeit, die ihm den Lebensunterhalt gibt. Aus den Rinden der Bäume holt er nämlich allerlei Insekten heraus, die sich darin verkriechen. Im Winter, besonders wenn es Glatteis

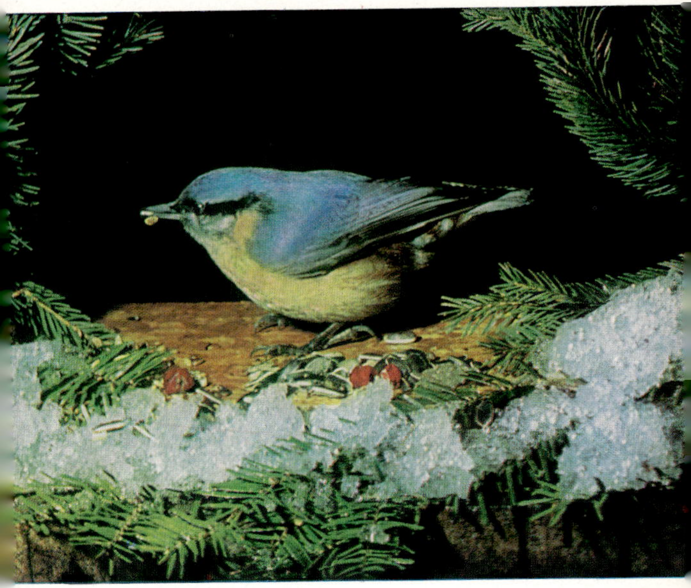

Andere Namen:	Spechtmeise, Blauspecht, Baumklette, Baumrutscher.
Größe:	Etwas kleiner als ein Spatz, aber durch seine stämmige Figur genau so groß wirkend.
Besondere Kennzeichen:	Kurzer Schwanz, langer Schnabel. Läuft an Baumstämmen hinauf und herunter.
Färbung:	Oberseite blaugrau, schwarzer Streifen durch das Auge. Kehle hell, Unterseite gelblich mit rostfarbenen Flanken. Weibchen blasser gefärbt.
Stimme:	Scharfes Twitt, twitt, gelegentlich Twät-twät-twät. Im Vorfrühling auch flötende Rufe wie Tüh-tüh oder Wiehe-wiehe.
Nahrung im Winter:	Nicht wählerisch. Sonnenblumenkerne, Eicheln, Haselnüsse, Unkrautsamen.
Leckerbissen:	Fett, Hanf, Pinienkerne (zerkleinert und ungesalzen).
Standort:	Bleibt das ganze Jahr über in der Nähe seines Brutplatzes.

gibt, sind diese Insekten indes schwer zu erreichen. Dann braucht uns der Kleiber. Früher hätte er das nicht nötig gehabt. Einst gab es viel mehr morsche Bäume mit Stamm- und Astlöchern, in deren Mulm er auch bei Frost und Glatteis noch genug Insekten erreichen konnte. In der heutigen modernen Forstwirtschaft sind solche Bäume selten geworden. Wir müssen also helfen.

In der Stadt wird der Kleiber nur da, wo Bäume in der Nähe sind, zur Fütterung kommen. Er wohnt am liebsten in Spechthöhlen; deren Öffnung verkleinert er dann, indem er sie einfach mit Lehm und Speichel ein Stück zuklebt. Daher der Name Kleber, Kleiber. Er ist ein netter Geselle, der uns durch sein munteres Wesen erfreut. Im Winter kommt er häufig mit den Meisen zu uns, zumal, wenn seine Vorräte zur Neige gehen. Er gehört zu den wenigen Vögeln, die sich einige Vorratsstellen anlegen, wobei er seine Nahrung in Spalten und Ritzen versteckt.

Der Dompfaff

Der Dompfaff oder Gimpel ist ein Finkenvogel, aber er ist seltener als der Buchfink oder der Grünfink. Den Namen „Gimpel" hat er unverdient erhalten, er stammt aus früherer Zeit, als man den Vogelfang noch mit Leimruten erlaubte. Da der Dompfaff recht zutraulich ist, folgte er den Lockrufen der Vogelfänger unbedenklich — und „ging ihnen auf den Leim". Man glaubte deshalb, er sei ein „dummer Gimpel". Eine Redensart, die sich bis auf den heutigen Tag erhalten hat. Den Dompfaff kann man leicht erkennen. Er fällt durch seine schönen Farben so an unserer Futterstelle auf, daß schon

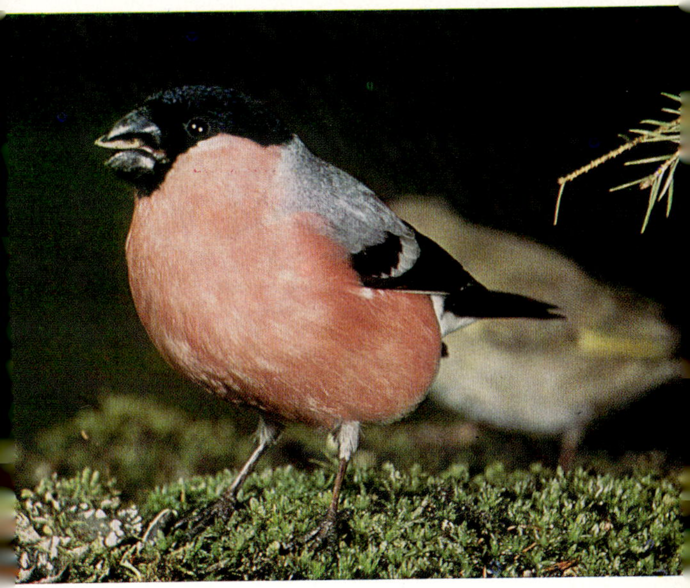

Andere Namen:	Gimpel, Goldfink, Lobfink.
Größe:	Etwas größer als ein Spatz.
Besondere Kennzeichen:	Schwarze Kappe, weißer Bürzel, kurzer, kräftiger schwarzer Schnabel. — Behäbiges Wesen.
Färbung:	Männchen leuchtendrote Unterseite, die beim Weibchen bräunlich-grau ist. Beide haben eine weiße Binde im dunklen Flügel.
Stimme:	Weich flötendes lockendes Diü.
Nahrung im Winter:	Kerne aus Beeren aller Art, die er mit großem Geschick freilegt, auch Bucheckern.
Leckerbissen:	Samen aller Art, auch Grassamen.
Standort:	Der Dompfaff bleibt im Winter bei uns.

jedes Kind weiß, wen es vor sich hat. Das Männchen hat eine fast blutrote Brust, die sich lebhaft gegen die schwarze Kopfkappe und den blaugrauen Rücken abhebt. Das Weibchen ist bescheidener gefärbt, aber immer noch bunt genug, um aufzufallen. Zum Unterschied vom Männchen ist seine Brust nicht rot, sondern zart bräunlichgrau. — Die Gestalt des Gimpels ist ein wenig kräftiger und gedrungener als die des Sperlings. Charakteristisch ist der starke Schnabel.

Unsere Fütterung besuchen die Dompfaffen in kleineren Trupps von vier, sechs oder manchmal sogar acht Vögeln. Man soll einem Tier keine menschlichen Eigenschaften andichten. Das wollen wir auch nicht tun. Aber das Wesen des Gimpels wirkt auf uns ein wenig schwermütig. Schuld daran sind nicht nur die gemessenen und ruhigen Bewegungen des Dompfaffs, sondern auch seine Stimme. Sie unterscheidet sich deutlich von der anderer Vögel und kann als ein weicher und melodisch klingender Ton, der wie „Diü" klingt, bezeichnet werden. Dieses „Diü" wird oftmals wiederholt. Es ist ganz unverkennbar.

Der bunte Dompfaff, den man fälschlich als „dummen Gimpel" bezeichnet hat, ist in Wirklichkeit ein sehr gelehriger Vogel und wird heute noch in Tierhandlungen angeboten, nachdem man ihn das Flöten einiger Lieder gelehrt hat. Jung gefangene Dompfaffen lernen das verhältnismäßig schnell. Da kann man doch nicht von Dummheit sprechen.

Da der Dompfaff den Winter über bei uns bleibt, ja, seine Zahl oft durch stärkere Flüge einer etwas größeren Rasse (*Pyrrhula p. pyrrhula* [1.]) aus Nord- und Osteuropa verstärkt wird, sollten wir bei unserer Futtervorsorge besonders an den Dompfaff denken, zumal seine Nahrung ebenfalls gern von anderen Vogelarten genommen wird.

Der Dompfaff nimmt nur wenig Insekten zu sich, um so mehr liebt er allerlei

Dompfaff-Weibchen

Beeren. Das macht unsere Vorsorge also ziemlich einfach. Es sind die Früchte von Liguster, Schneeball, Eberesche, Kornelkirsche und des Pfaffenhütleins, die er besonders liebt. Da diese Bäume und Büsche in vielen Gärten wachsen, ist es also nicht schwer, Nahrung für ihn zu sammeln und sie unserem bunten Gimpel im Winter zu reichen.

Dennoch scheinen alle diese Beeren nur ein Notbehelf für den Dompfaff zu sein. Er zieht allerlei Sämereien jedem anderen Futter vor.

Der Ruf ist so zärtlich und weich, daß er jeden von uns aufhorchen läßt. Er nimmt uns sofort für den bunten Gesellen in der trüben Winterlandschaft ein. Kleinschmidt schreibt: „Es ist, als hätte der Gimpel alle Zärtlichkeit bereits in den Lockruf gelegt und für den Gesang nichts mehr übrig."

In alten Büchern wird über keinen Vogel so viel geschrieben wie über den Gimpel. Er wurde früher viel häufiger als heute in

Käfigen gehalten und soll sich dann ganz besonders eng an seinen Pfleger angeschlossen haben. Wahre Wunderdinge erzählt man von dieser Anhänglichkeit. So ließ der Pfarrer Riegl zu Fischbach im Nassauer Amte Königstein bei Frankfurt im Frühjahr 1856 ein Gimpelweibchen, das er aufgezogen hatte, in seinem Garten frei. Es kam im Herbst zurück und war wieder zahm wie früher. Im Frühjahr 1857 wurde es wieder freigelassen und erschien dann im Juni mit vier Jungen. Im September kam es dann noch einmal mit drei Jungen, um im Spätherbst wieder endgültig im Pfarrhaus über Winter zu bleiben. Im Frühjahr 1858 flog es wieder davon und verbrachte den nächsten milden Winter in der Freiheit, aber nicht ohne seinen gewohnten Käfig im November zu besuchen. Am 6. April 1859 erschien es dann noch einmal, hielt sich einige Zeit in seinem Käfig auf, um dann mit seinem Männchen davonzufliegen.

Die Amsel

Man sagt, es bestehe ein Unterschied zwischen der Stadt- und Waldamsel. Doch ist dieser Unterschied äußerlich nicht feststellbar. Er soll sich in der Lebensform zeigen, beim Nestbau, beim herrlichen Gesang und bei der Nahrungswahl. Seit Ende des vergangenen Jahrhunderts begann die Amsel zu „verstädtern" und sich den menschlichen Behausungen und unseren Gärten zu nähern. Sie floh die Nähe der Menschen nicht mehr, wie es die Waldamsel heute noch tut.

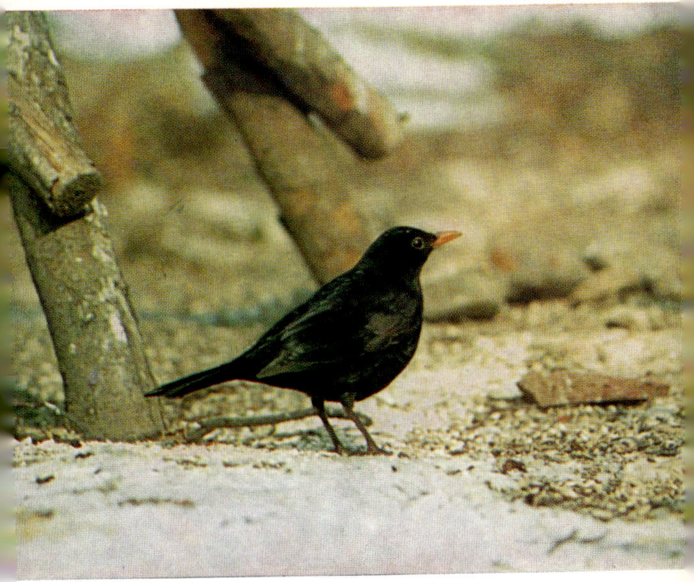

Andere Namen:	Schwarzamsel, Merle, Schwarzdrossel.
Größe:	Fast doppelt so groß wie ein Spatz.
Besondere Kennzeichen:	Hüpft u n d läuft (der Star trippelt nur).
Färbung:	Männchen ganz schwarz mit gelbem Schnabel, der nach der Brutzeit ein wenig verblaßt. Weibchen braun mit braunem Schnabel. Leicht gefleckte hellere Kehle.
Stimme:	Im Winter ein scharfes Tack, tack oder — meistens im Abflug — ein zeterndes Tix, tix, tix, rasch aneinander gereiht. — Im Frühling und Sommer herrlicher Gesang. Der Gesang ist angeboren.
Nahrung im Winter:	Hanf, Sonnenblumenkerne, Beeren.
Leckerbissen:	Beeren von Liguster, Schneeball, Efeu und alle anderen Beeren.
Standort:	Die meisten Amseln bleiben im Winter bei uns, einige verlassen uns im Herbst. Nordische Amseln ziehen bei uns durch.

Unsere „Stadtamsel" sieht genauso aus wie die Waldamsel. Sie ist in jedem Garten zu Hause. Merkwürdig ist, daß viele Menschen nur das Männchen kennen. Es ist pechschwarz und wird deshalb auch Schwarzdrossel genannt. Mancher spricht auch vom Goldschnabel oder dem Vogel mit dem gelben Gesicht, denn das Amselmännchen hat einen gelben Schnabel, der in der Brutzeit besonders kräftig gefärbt ist (später verblaßt er ein wenig). Wenn man eine Amsel mit gelbem Schnabel sieht, weiß man, daß man ein altes Männchen vor sich hat. — Wie bei vielen Vogelarten, ist auch bei den Amseln das Weibchen unauffälliger gefärbt. Es ist auf der Oberseite dunkelbraun, unten heller und die Brust ist sogar gefleckt. Der Schnabel ist braun. Man kann Schwarz nicht gerade als leuchtende Farbe bezeichnen. Dennoch läßt sich nicht bestreiten, daß das Männchen — mindestens in der Brutzeit, wenn es mit seinem gelben Schnabel einen lebhaften Kontrast zum samtschwarzen Kleid zeigt — auffälliger ist.

Den herrlichen Gesang des Männchens kennt wohl jeder. Nichts ist stimmungsvoller, als wenn vom Frühling bis in den Herbst hinein das Amselmännchen von der Spitze eines Baumes, von einem Dachfirst oder von der Fernseh-Antenne viele Strophen seines klangvollen, melodischen Liedes ertönen läßt. Wer kennt nicht den freudigen Ausruf mancher Menschen, die oft schon im Februar verkünden: „Ich habe heute die erste Amsel gehört." Damit ist ihr Gesang gemeint und das soll bedeuten: „Es wird bald Frühling."

Diesen Gesang können wir im Winter nicht hören, wohl aber den Schreckruf, der gellend und zeternd weithin hallt und wie ein schrilles „Tix, tix, tix" oder „Gaigigigig" klingt, das selbst den teilnahmslosen Spaziergänger aufhorchen läßt. Für den Jäger ist dieser Schreckruf immer ein Grund zur Aufmerksamkeit. Die Amsel stößt ihn nur aus, wenn sie gestört wird.

Amsel-Weibchen

Die Nahrung der Amsel besteht aus Würmern, Schnecken, Obst und Beeren. Das gibt uns Hinweise für die Winterfütterung. Wenn man daran denkt, daß weder die Kirschen, noch die Erdbeeren vor ihr sicher sind, merkwürdigerweise im Frühjahr auch die Krokusse nicht, dann wissen wir, daß wir der Amsel etwas Gutes tun, wenn wir ihr Obst- und Gemüseabfälle in die Fütterung legen. Beeren jeder Art nimmt sie gern, aber auch aus dem übrigen Futter pickt sie sich manches Körnchen heraus. Sie nimmt das Futter überwiegend vom Boden auf.

Es gibt viele Menschen, die unsere Amsel nicht mögen. Ganz sicher macht sie einigen Schaden. Aber wer will schon Schaden und Nutzen gegeneinander abwägen? Die Scheu vor den Menschen hat sie längst verloren im Gegensatz zum Sperling, der noch immer vor uns auf der Hut ist. Die Amsel ist vorsichtig, aber nicht mehr scheu, sie wird nie so vertraut werden wie zum Beispiel der Dompfaff.

Wir sollten ihr nicht gram sein, zumal sie die einzige Drosselart ist, die im Winter bei uns bleibt. Außerdem ist sie uns treu. Wenn sie einmal ein Wohngebiet erwählt hat, so bleibt sie ihr ganzes Leben da. Erstaunlich ist nur, daß dieses Gebiet verhältnismäßig klein ist. Merkwürdig mutet uns die Geselligkeit der Amsel an. Wenn sie lockt, kommt die nächste bald herangeflogen. Dennoch vertragen sie sich untereinander nicht, ja, sie sind sogar zänkisch. Dabei sind sie sehr klug, würde man sagen, wenn sie Menschen wären. Auf jeden Fall nehmen sie alles in ihrer Umgebung wahr. Die kleinste Veränderung fällt ihnen auf und auch das Gehör ist großartig entwickelt. Sie unterscheiden die einzelnen Geräusche ganz genau. Ob das gute Gehör auch mit ihrem klaren Gesang zusammenhängt? Wer weiß es? Ganz gewiß ist es nicht nur interessant, sondern auch schön, dem Gesang der Amsel zu lauschen. Kein anderer Vogel singt so rein wie sie.

Das Rotkehlchen

Vom Rotkehlchen sagt man, es sei der klügste unserer Singvögel. Wir wollen indes mit solchen Bezeichnungen vorsichtig sein, sie vor allem nicht im menschlichen Sinne anwenden. Immerhin hat das Rotkehlchen einige Besonderheiten aufzuweisen, die nicht jedem bekannt, aber doch wissenswert sind.

So läßt z. B. hier auch das Weibchen einen leisen Balzgesang ertönen. Das eigentliche Rotkehlchenlied ist sehr abwechslungsreich und besteht aus schönen Flötentönen, scharfen Fisteltönen und einem oft eingeflochtenen schwermütigen, perlenden Triller, der dafür bezeichnend

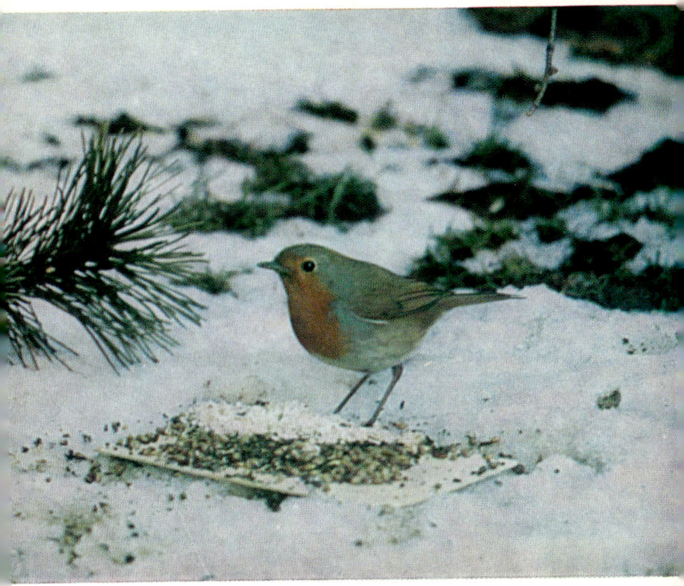

Andere Namen:	Winterrötel.
Größe:	Etwas kleiner als ein Spatz.
Besondere Kennzeichen:	Große Augen, rundliche Figur, rostrote Stirn, Kehle und Brust.
Färbung:	Rücken und Schwanz einfarbig olivbraun. Bauch schmutzig-weiß. Männchen und Weibchen gleich.
Stimme:	Scharfes Schnickern. Langstrophiges, perlendes Lied, zum Ende abfallend.
Nahrung im Winter:	Vogelbeeren und fetthaltige Kerne, Samen und Hanf, Mohn, Sommerrübsen. — Die Füllung aus den Fettfuttergeräten wird zwischen den Fingern zerkrümelt und auf ein Brettchen auf den Boden oder in die Bodenfütterung gestreut.
Leckerbissen:	Haferflocken.
Standort:	Ein Teil bleibt im Winter bei uns (meist alte Männchen).

ist. Es wird von einem Ast aus in der Baumkrone, besonders gern in der Morgen- und Abenddämmerung vorgetragen und gehört zu den stimmungsvollsten Gesängen unserer Vögel.

Schwermütig wie sein Lied ist auch das Aussehen des Rotkehlchens. Der kleine Körper wird von den großen, ausdrucksvollen Augen beherrscht. Sie sind so groß, damit das Rotkehlchen auch im Dämmerlicht des Gebüsches, in dem es lebt, sehen kann.

Im Winter ist das Rotkehlchen ganz auf unsere Hilfe angewiesen. Es nimmt die Nahrung gern vom Boden auf. Wir sollten daran denken! Natürlich kommt es auch auf unser Fensterbrett, aber niemals hängt es sich wie eine Meise an eine Futterglocke. Es sind fast immer Rotkehlchen-Männchen, die im Winter bei uns bleiben, und zwar alte.

Für das Rotkehlchen sollten wir einige Leckerbissen bereit halten. Mehr darüber in unserer Tabelle!

Die Goldammer

Die meisten Menschen nennen sie die Goldammer, Brehm bezeichnete diesen Vogel aber immer mit der Ammer. Was richtig ist, vermag ich nicht zu entscheiden. Das ist ein Gebiet für Sprachforscher. Unsere Aufgabe ist es, aus der Beschäftigung mit der hübschen Goldammer zu erkennen, wie wir ihr über die schwere Winterzeit hinweghelfen können. Freilich — sehr häufig ist sie nicht an unseren Futterstellen, vor allem, wenn diese mitten in der Stadt liegen. Die Goldammer war einmal ein Steppenvogel. Davon hat sie noch viel Scheu behalten. So zieht sie das freie Feld als Wohngebiet vor, wobei sie allerdings auf verstreute Büsche und Bäume großen Wert legt. Wie sollte sie

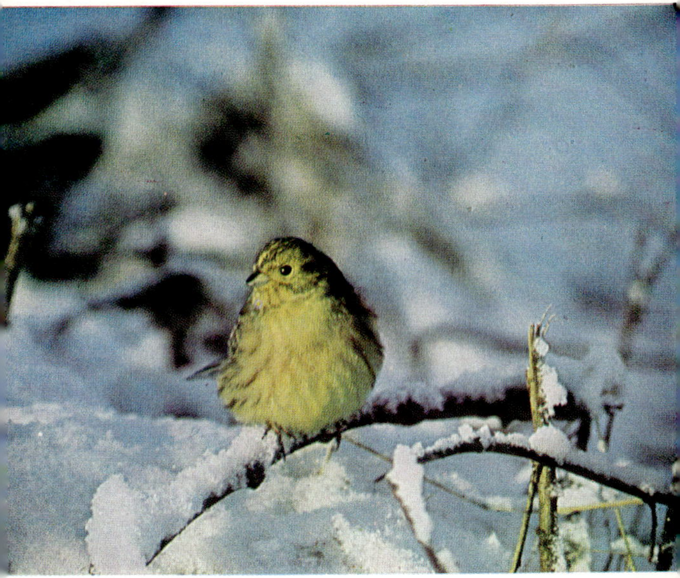

Andere Namen:	Gelbfink, Kornvogel, Gerstenammer, Winterlerche, Gelbling.
Größe:	Wie Haussperling, aber schlanker.
Besondere Kennzeichen:	Gelblich mit zimtbraunem Bürzel.
Färbung:	Männchen Kopf und Unterseite zitronengelb, Rücken mit rostbrauner Streifung. Weibchen viel weniger gelb, stärker streifig, besonders am Kopf. Langer dunkler Schwanz mit hellen Außenfedern.
Stimme:	Metallisches Zick, im Flug Zickzürr. Gesang Tji-tji-tji-tji-tjich.
Nahrung im Winter:	Samen, Getreide, Beeren.
Leckerbissen:	Getreide („Gerstenammer").
Standort:	Bleibt bei uns, zieht jedoch im Herbst und Winter in größeren Flügen umher.

uns sonst auch ihr hübsches Liedchen vorsingen? Dazu sucht sie fast immer einen Ast im Gezweig der Büsche und Bäume auf. Seltener singt sie von einem Stein oder einem Zaunpfahl aus. Sie sitzt also gern hoch, wenn sie ihre reizende Strophe bis in den Abend hinein ertönen läßt.

Dieses Lied hat für uns etwas Beschauliches an sich. Es ist einfach, aber so typisch, daß wir es leicht aus all den anderen Vogelliedern heraushören. Außerdem spricht der Text, den man diesem Liedchen unterlegt hat, viele Menschen an. Er heißt: „Wie, wie, wie hab ich dich lie-ieb." Wer sollte da wohl nicht aufhorchen, wenn dieses Lied ertönt?

Es gibt noch etwas, das uns die friedfertige Goldammer zum Freunde macht. Sie gehört mit zu den frühesten Sängern und auch zu den fleißigsten. Oft beginnen Männchen und Weibchen schon im März mit dem Bau des Nestes, das sich meistens nahe am Boden befindet. Schon von diesem frühen Zeitpunkt an hört man das

Lied des Männchens unentwegt von früh bis zum späten Abend. Man hat deshalb dem einfachen Liedchen auch den Text „S'is, s'is, s'is noch viel zu früh" unterlegt. Auf jeden Fall sollten Sie, verehrte Leserin und lieber Leser, einmal auf das Liedchen achten, wenn Sie einen Spaziergang machen. Die Goldammer kommt überall vor, wo ein paar Büsche sind, und man findet sie leicht, wenn man sie hört. Der goldgelbe Farbfleck, etwa auf der Spitze einer jungen Fichte oder Kiefer und das immer wiederholte Liedchen gehören einfach zum Frühling und Sommer. Nicht nur das Auge hat seine Freude, auch das Ohr nimmt wohlgefällig auf, was uns die Goldammer zu bieten hat.

Ist dann der Sommer vorbei und die kleinen Goldammern sind groß, dann fliegen sie zusammen mit ihren Eltern über das Land. Ganze Scharen bilden sich, die sich oft mit Lerchen, Finken, ja sogar Wacholderdrosseln zusammentun. Wenn man eine solche Schar entdeckt, so ist allein der

Goldammer-Weibchen

Anblick der bunten Gesellschaft für den Naturfreund ein kleiner Genuß. Gern bleibt man stehen und verfolgt das geschäftige Treiben. Oft entdeckt man in der späteren Jahreszeit sogar die bunten Bergfinken unter der lebhaften Schar. Aber die Goldammer mit ihrer goldgelben Brust bleibt immer etwas Besonderes.

Man sagt, das Goldammermännchen trage ein goldgelbes Kleid. Das stimmt für den Sommer. Im Winter verblaßt die schöne Farbe etwas. Unser Bild zeigt dies sehr schön. Wir können uns deshalb eine weitere Beschreibung ersparen. Doch sei hier ein Erlebnis mitgeteilt, weil es bezeichnend ist. Da sagte mir der alte Vorsitzende eines Gartenvereins, er habe einen wunderschönen gelben Vogel zur Winterszeit in seinem Garten gesehen; was das wohl für einer gewesen sein könnte? Der Dritte an unserem Tisch antwortete, es könne sich wohl nur um einen entflogenen Exoten handeln. Es zeigte sich bald, daß es „nur" eine Goldammer war.

Warum also gleich in die Ferne schweifen? Selten ist die Goldammer keineswegs. Wieviele Leute sind heute doch im Auto unterwegs. Würden sie manchmal langsamer fahren, die Bäume an der Straße oder die nahen Felder beobachten, würden sie manche Goldammer sehen. Auf den Bauernhöfen und bei der Landbevölkerung kennt sie jedes Kind, da gehört sie im Winter fast zur Familie, mindestens zur Familie der Hühner und Enten. Sie kommt dann gern, um sich ihren Teil bei der Fütterung zu holen. Wir sollten freilich immer daran denken, daß unsere wildlebenden Vögel keine Hühner sind, die sich ihr Futter freischarren können, sie müssen ihr Futter freiliegend auf dem Boden finden.

Das Goldammerweibchen ist viel einfacher gekleidet als das Männchen. Unser Bild zeigt das eindrucksvoll.

In der Tabelle finden wir weitere Einzelheiten über die Goldammer.

Der Star

Es scheint so, als blieben von den Staren, die wir wohl alle kennen, immer mehr den Winter über bei uns. Jeder kennt auch die oft nach Zehntausenden von Staren zählenden Riesenwolken, die zur Zugzeit in den Abendstunden Flugkunststücke vorführen, um dann schnatternd und schwatzend in ein Schilfgebiet, einen Pappelhain oder an einem anderen geeigneten Ort einzufallen.

Der Star wird geliebt und gehaßt zugleich. Der Obstbauer muß ihn kurz halten, sonst erntet er kein Obst, der Bauer aber schätzt ihn, weil er auf dem Acker und im Weideland viele Schädlinge vertilgt. Willkommen ist er allen Menschen als Frühlingskünder. Plötzlich sind die Stare

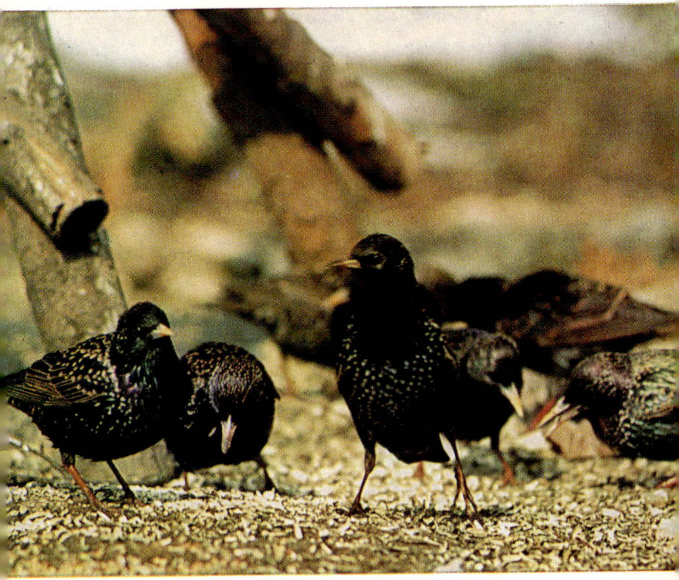

Andere Namen:	Spree, Sprehl, Starmatz, Sprei.
Größe:	Größer als Haussperling, kleiner als Amsel.
Besondere Kennzeichen:	Schwärzlich. Wackelnder Gang, hüpft nicht. Kurzer Schwanz. Dreieckiges Flugbild.
Färbung:	Männchen und Weibchen mit grün- und purpurschillerndem schwärzlichen Gefieder, im Herbst und Winter weißgeperlt. Spitzer Schnabel im Winter dunkel, im Frühjahr gelblich.
Stimme:	Star, star, spitt, sprehn usw. Pfeifen, Trillern, Flöten, Schwatzen. Ahmt andere Vögel und quietschende Geräusche nach.
Nahrung im Winter:	Fetthaltige Kleinsamen wie Hanf, Mohn, Sommerrübsen, Beeren aller Art. Frißt auf dem Boden.
Leckerbissen:	Haferflocken.
Standort:	Die Überwinterer bleiben in der Nähe der Fütterung.

wieder zu ihrem alten Nistkasten zurückgekehrt, sitzen auf dem Dachfirst und sie schwätzen und schwätzen. Es kümmert sie nicht, ob es noch friert, schneit oder regnet — sie schwätzen munter drauflos. Und wir wissen, daß der Frühling bald da ist.
An der Winterfütterung ist der Star nicht sehr häufig. Es sind entweder die wenigen, die bei uns geblieben sind, oder Durchzügler, die sich die Beeren, die fetthaltigen Samen, oder Haferflocken aus dem Futter herauspicken.
Der Star ist ein drolliger Bursche, der es meisterlich versteht, andere Stimmen und Geräusche nachzuahmen. Es kommt oft vor, daß man erstaunt aufhorcht, weil man irgend einen anderen Vogel zu hören glaubt, bis man dann überrascht feststellt, daß der Star uns geneckt hat.
Wenn der Star den Winter über bei uns bleibt, wird er ein regelmäßiger Gast an unserer Fütterung.
Unsere Tabelle gibt weitere Auskunft über ihn.

Die Heckenbraunelle

Der große Linné gab ihr den lateinischen Namen *Prunella modularis*. Prunelle hat nichts mit braun zu tun und heißt eigentlich „glühende Kohle". Ob Linné damit die Farbe des blaugrauen, bleigrauen oder auch schiefergrauen Kopfes gemeint hat, die sich von dem übrigen braunen Gefieder gut abhebt? Auf jeden Fall gehört die Heckenbraunelle zu den wenigen Vögeln, über die der Name alles aussagt, was zu ihr paßt. Sie lebt im Unterholz und in Hecken und ihr Gefieder ist überwiegend braun. Die Endsilbe „nelle" deutet gleichsam auf ihr bescheidenes und zurückhaltendes Wesen hin, wenn wir ihr damit auch nicht menschliche Eigenschaften andichten wollen.

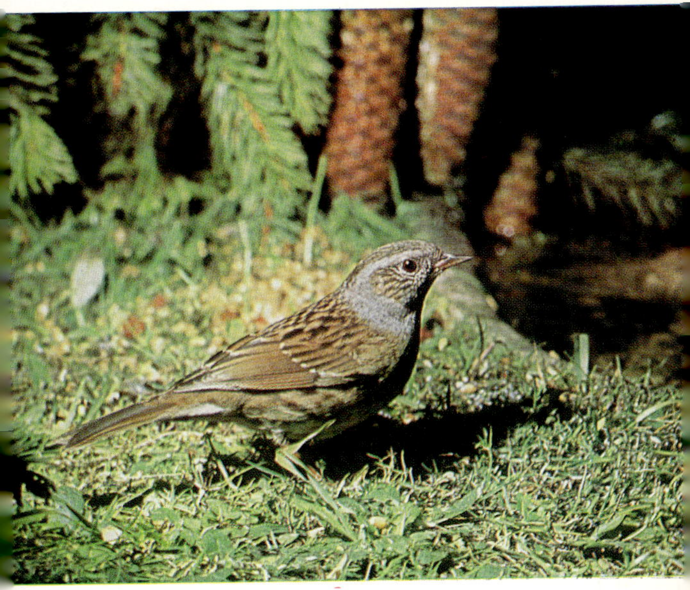

Andere Namen:	Bleikehlchen, Braunelle.
Größe:	Etwa wie Feldsperling.
Besondere Kennzeichen:	Schiefergrauer Kopf und Hals, spitzer, dünner Schnabel.
Färbung:	Oberseite dunkelbraun, schwarzgestreift, sperlingsähnlich, Männchen und Weibchen gleichgefärbt.
Stimme:	Lockruf, hohes scharfes Tsi, tsi oder Ziht. Im Flug trillerndes Dididi. Gesang hastiges feines klingelndes Zwitschern.
Nahrung im Winter:	Samen aller Art.
Leckerbissen:	Kleine Samen, die sie heil nimmt und im Kropf aufweicht, z. B. Mohn.
Standort:	Die Heckenbraunelle verläßt uns September/Oktober und kehrt im März/April zurück. Einzelne Braunellen überwintern regelmäßig bei uns.

Doch sie lebt wirklich sehr zurückhaltend und wird deshalb nicht oft gesehen. Wenn die Braunellen an die Fütterung kommen — wo viel Buschwerk ist, sind sie keineswegs selten —, werden sie meist für Sperlinge gehalten. Wer sieht schon so genau hin? Man sollte sich aber die Zeit nehmen und immer wieder einmal die Fütterung beobachten. Oft ist man überrascht, wieviel verschiedene Vogelarten im Winter unsere Hilfe in Anspruch nehmen.

Bescheiden wie ihr Auftreten, ist auch ihre Stimme. Ein hohes, dünnes „Tsi-tsi" oder „Ziht" unterscheidet sich deutlich von dem Gezeter der Spatzen. Der Gesang besteht aus einem zarten, klingelnden Zwitschern ohne besondere Abwechslung.

So zeigt sich die Heckenbraunelle in allen ihren Lebensäußerungen als ein stiller, bescheidener Vogel, der unsere Liebe besonders verdient.

Die Tabelle sagt uns noch Einzelheiten.

Der Kernbeißer

Eigentlich braucht man die Gestalt des Kernbeißers nicht zu beschreiben, weil er so auffällig ist, daß man ihn nicht verkennen kann. Für diejenigen, die noch nie einen Kernbeißer sahen, seien aber ein paar wichtige Merkmale mitgeteilt. Wenn wir einen Vogel sehen — etwa so groß wie ein Star — plumper als die anderen und mit einem klotzigen Schnabel, der viel stärker als der unserer Finken ist, dazu noch von kurzer und gedrungener Gestalt, dann kann es nur der Kernbeißer sein. Der Schnabel allein scheint das Aus-

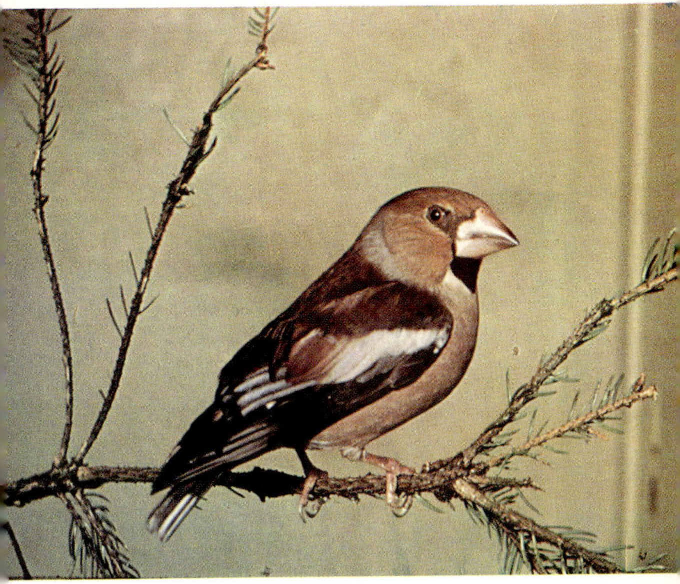

Andere Namen:	Kirschkernbeißer, Kirschknacker, Finkenkönig, Dickschnabel u. a.
Größe:	Größer als ein Spatz, wie Star.
Besondere Kennzeichen:	Klobiger Schnabel, Stiernacken, plumpe Figur, kurzer Schwanz.
Färbung:	Kopf- und Unterseite rötlichbraun, Rücken dunkelbraun, Nacken grau, blauschwarze Flügel mit weißen Schulterflecken an dunklen Flügeln weiße Binde, kurzer Schwanz mit weißer Spitze Weibchen matter gefärbt.
Stimme:	Ein scharfes Zicks oder etwas gedehnteres Ziek.
Nahrung im Winter:	Bucheckern, Hafer oder anderes Getreide, Rübsamen, Hanf, Sonnenblumenkerne, Salatblätter, Beeren.
Leckerbissen:	Nüsse, Kirsch- und Pflaumenkerne.
Standort:	Bleibt im Winter bei uns.

sehen unseres sonst sehr schön gezeichneten Vogels zu bestimmen. Nun, der Kernbeißer ist ein richtiger „Kraftmeier". Er muß es aber auch sein. Der Name sagt, was er tut und wovon er lebt. Er zerbeißt die Kerne und ist gar nicht gern gesehen, wenn die Kirschen reif sind. Dabei rührt er das Fleisch der Kirschen nicht an. Er zerbeißt sogar den Kern, und verzehrt nur den eigentlichen Samen, der unter der Schale sitzt. Das Knacken ist weithin zu hören. Daran merkt man oft erst, daß die Kirschkernbeißer da sind. Sie sitzen gern lange und träge in den Wipfeln der Bäume im dichten Laub. Deshalb sieht man sie auch verhältnismäßig wenig. Im Flug erkennt man sie an der weißen Flügel- und Schwanzendbinde, der gedrungenen Gestalt und dem scharfen „Zicks".

Zur winterlichen Fütterung kommt der Kernbeißer gern, besonders, wenn man einige Leckerbissen für ihn bereithält.

Er ist unser größter Finkenvogel. Unsere Tabelle sagt mehr über ihn.

Der Seidenschwanz

Der Seidenschwanz ist nicht bei uns beheimatet. Er kommt auch nicht in jedem Winter. Man hat ihm früher den Namen Pestvogel gegeben, weil man glaubte, in seinem Erscheinen einen Vorboten von allerlei Unglück, Krieg und Seuchen sehen zu müssen. Meist bringt er einen scharfen Winter mit.
Er erscheint bei uns niemals einzeln, immer in kleineren oder größeren Trupps. Dann sitzt die Gesellschaft ziemlich unbeweglich in den äußersten Spitzen der Bäume. Nur ungern kommt der Seidenschwanz auf den Boden, auf dem er

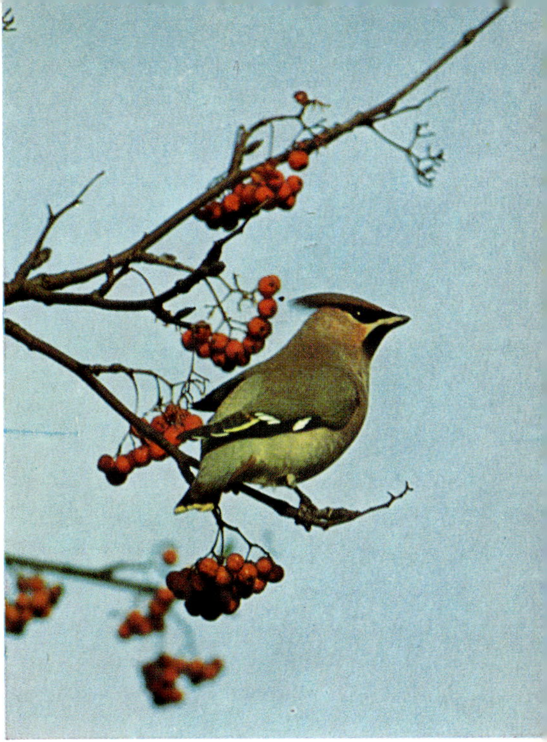

Andere Namen:	Seidenschweif, Pest- oder Schneevogel, Haubendrossel.
Größe:	Größer als ein Spatz, etwa wie der Star.
Kennzeichen: Besondere	Rötlich-kastanienbraune Federhaube, kurzer Schwanz mit gelber Spitze.
Färbung:	Brust braun-rötlich (auf unserem Bild durch die Schneespiegelung nicht zu erkennen). Augenstreifen und Kehlfleck schwarz. Bürzel grau. Unterseite rötlich-braun. Dunkle Flügel weiß und gelb gezeichnet. Rote Plättchen an den Spitzen der Schwingen. Weibchen etwas matter gefärbt.
Stimme:	Leises, hohes Ssrieh.
Nahrung im Winter:	Wacholder-, Mistel-, Schneeball-, Liguster-, Weißdorn- und Vogelbeeren (Eberesche). Gerstengrütze, Gemüse, Salat, Kleie. Äpfel am Boden. Braucht sehr viel Futter! Auch Hanf und Sonnenblumenkerne.
Leckerbissen:	Cotoneaster-Beeren.
Standort:	Hoher Norden. Bei uns Durchzügler und Wintergast.

sich dann ziemlich schwerfällig bewegt. Zu erkennen ist der Seidenschwanz leicht. Die rötlichbraune Federhaube auf dem Kopf, der kurze Schwanz mit gelber Spitze und die buntgefärbten Flügel mit den roten Lackplättchen darauf machen ihn ebenso wie sein angenehmes feines Trillern unverwechselbar.

Wenn der Seidenschwanz auf unseren Bäumen, besonders den Ebereschen (auch Vogelbeerbaum genannt) keine trockenen Beeren und keine Mistelfrüchte mehr findet, dann kommt er auch auf den Boden zur Fütterung. Man erkennt die Haube deutlich und das Gelb auf den Flügelfedern. Sie werden ergänzt durch ein gelbes Schwanzende.

Er kommt im Oktober/November zu uns und verläßt uns oft erst im März/April oder sogar im Mai. In der Zwischenzeit streicht er weit umher und gelangt dabei gelegentlich bis Südwesteuropa. Dann kehrt er zu seinem Brutgebiet in die nördlichsten Waldstreifen zurück.

Die Wacholderdrossel

Die Wacholderdrossel ist ein Zugvogel, der in der zweiten Oktoberhälfte oft in großen Scharen bei uns durchzieht und dann auf feuchten Wiesen zu sehen ist. Auch von den Wacholderdrosseln scheinen immer mehr — ähnlich wie beim Star — den Winter bei uns zu verbringen. Wir müssen ihnen dann helfen.
In früheren Jahren wurde die Wacholderdrossel noch auf dem sogenannten „Dohnenstieg" gefangen und dann als Delikatesse verkauft. Sie galt sogar als jagdbarer Vogel. Man nannte sie „Krammetsvogel", ein Ausdruck, der von ihrer Lieblingsnahrung herkommt. Die Krammetsbeere heißt heute allgemein Wacholderbeere. Damit haben wir die Erklärung für ihren

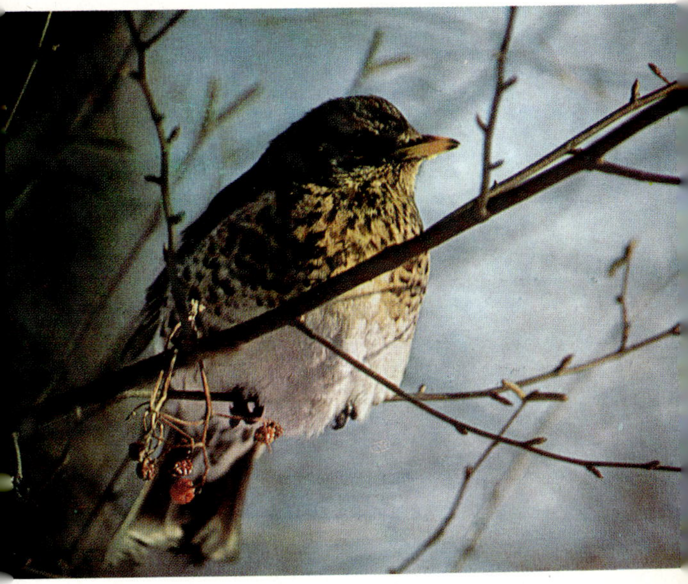

Andere Namen:	Krammetsvogel, Ziemer, Schacker.
Größe:	Wie Amsel, wirkt, besonders im Fluge, sogar etwas größer.
Besondere Kennzeichen:	Grauer Kopf und Bürzel, rotbrauner Rücken. — Das „Schack-schack".
Färbung:	Oberseite dreifarbig: Kopf und Bürzel grau, Rücken rotbraun, Schwanz schwarz. Unterseite hell mit rostgelber, schwarzgestreifter Brust und dunkelgefleckten Flanken. Männchen und Weibchen gleich.
Stimme:	Rauhes Schack-schack — sanftes Zieh-zieh — Gesang ein schwatzendes Geplauder.
Nahrung im Winter:	Johannis-, Holunder-, Preisel-, Vogel- und Weinbeeren, Korinthen.
Leckerbissen:	Wacholderbeeren, Haferflocken.
Standort:	Meist Zugvogel, zum Teil Strichvogel oder Überwinterer.

Namen: sie soll soviel Krammets- oder Wacholderbeeren gefressen haben, daß ihr Fleisch den Geschmack angenommen hat und daher besonders wohlschmeckend war. Wir können das heute nicht mehr nachprüfen, da der Fang der Krammetsvögel erfreulicherweise verboten ist. Auch die Jäger schonen sie.

Unser Bild zeigt deutlich, daß sie ein hübscher Vogel ist. Das Braun ihres Rückens hebt sich lebhaft von dem Grau des Kopfes und des Bürzels sowie von dem Schwarz des langen Schwanzes ab. Auch ihr rauhes „Schack, Schack" macht sie leicht kenntlich, da es nur mit dem ebenso klingenden Ruf der allgemein bekannten Elster verwechselt werden könnte.

Wenn sie auch jetzt nur mehr selten zu unseren Fütterungen kommt, sollten wir uns doch über die wenigen Gäste freuen. Im März–April ziehen dann wieder viele Wacholderdrosseln nach Norden und hier nur durch.

Unsere Tabelle gibt weitere Auskunft.

Die Ringeltaube

Die Ringeltaube macht eine Entwicklung durch, die immer mehr der unserer Amsel ähnelt. Genau wie sie begann die Große Wildtaube in den letzten Jahren bis in die Gärten der Wohnhäuser vorzudringen, wobei sie offenbar die Scheu vor dem Menschen weitgehend verlor.
Da ein Teil der Ringeltauben den Winter über bei uns bleibt, kann es durchaus

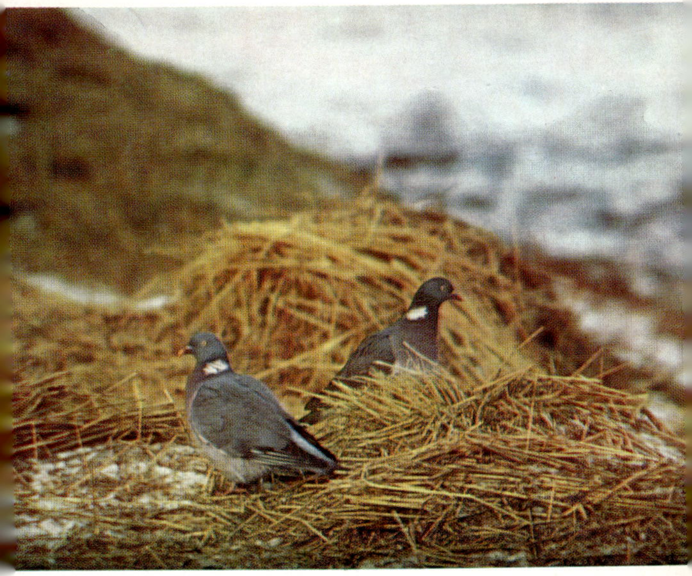

Andere Namen:	Große Wildtaube, Wald-, Holz-, Kohl-, Kuhtaube.
Größe:	Größer als die Haustaube, wiegt fast 20mal mehr als ein Haussperling.
Besondere Kennzeichen:	Weißer Fleck an den Halsseiten. — Größe.
Färbung:	Männchen und Weibchen gleich. Hals grünlich schillernd, sonst grau-blau. Leuchtend weißer Flügelbug. Junge ohne weiße Halszeichnung.
Stimme:	Im Winter sehr selten zu hören, sonst: Gru-gru-gru-gru-gru.
Nahrung im Winter:	Samen bis zur Eichelgröße, auch Beeren und Grünzeug.
Leckerbissen:	Getreide, Kohl.
Standort:	Stand-, Strich- und Zugvogel. Standvogel, zu verhältnismäßig kleinem Teil, der aber größer zu werden scheint.

sein, daß sie unsere Fütterung in Anspruch nehmen. Es kann uns dann allerdings auch geschehen, daß eine ganze Invasion von Ringeltauben zu uns kommt. Oft sammeln sie sich nämlich im Herbst und Winter zu starken Flügen. Aber ebenso oft beobachtet man auch einzelne Paare oder drei bis vier Stück, die alles gemeinsam unternehmen. — Die Ringeltaube ist die größte unserer Tauben, noch größer als die Haustaube, in deren Gesellschaft sie übrigens ebenfalls auftritt. Das Taubenproblem vieler Großstädte ist bekannt. Man kann gespannt darauf sein, ob es bald auch ein Ringeltaubenproblem geben wird.

Ganz harmlos sind diese jagdbaren Vögel jedenfalls nicht. Sie können auf jungen Saaten und im Kohlfeld erheblichen Schaden anrichten, wenn sie in Mengen auftreten. Die Nahrung nimmt die Ringeltaube im allgemeinen vom Boden auf, was indes nicht sagen will, daß sie auf unseren Fensterbänken nicht erscheint.

Die Türkentaube

Das Vordringen der Türkentaube, besonders in den Nachkriegsjahren, war in ornithologischen Kreisen eine Sensation. Sie ist immer noch dabei, in Europa sich weiter auszubreiten. Zu uns kam sie aus der Türkei. Ursprünglich soll sie aus Indien stammen. 1938 wurde sie zum ersten Mal in Österreich gesehen, 1940 in Ostdeutschland, 1950 in Berlin. Inzwischen war sie aber auch nach dem Westen über die Elbe gekommen und ist jetzt in ganz Deutschland zu Hause.
Im Anfang war die Türkentaube überall gern gesehen. Solange sie nicht in größeren Mengen auftrat, empfand man sie als

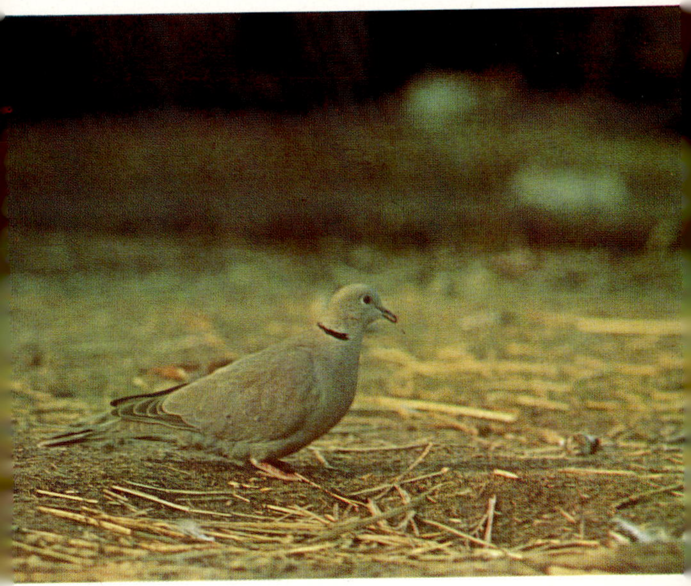

Andere Namen:	Orientalische Lachtaube.
Größe:	Etwa hähergroß, kleiner als die Haustaube. Wiegt fünf- bis sechsmal soviel wie ein Haussperling.
Besondere Kennzeichen:	Schwarzer Nackenring — Das „Duduhdu"
Färbung:	Gefieder einheitlich rötlichgrau mit dunklen Handschwingen. Endhälfte des Schwanzes von unten weiß. Männchen und Weibchen gleich.
Stimme:	Dreisilbiges Du-duh-du. Betonung auf der zweiten Silbe. Im Gegensatz zur Lach- und Turteltaube kein R in der Stimme.
Nahrung im Winter:	Wie bei allen Tauben alle Samen, auch Beeren und Grünzeug.
Leckerbissen:	Getreide, Grünzeug.
Standort:	Bleibt bei uns. Streicht ein wenig umher.

angenehme Abwechslung. Heute sind die Meinungen bereits geteilt. Wir sollten aber nicht allzu kleinlich über sie denken und unsere Nerven nicht durch ihre Stimme und ihr häufiges Rufen belasten lassen. Das nämlich wird von den Gegnern der Türkentaube meist als Grund für ihr Lästigfallen angeführt.

Die orientalische Lachtaube, wie sie manchmal auch genannt wird, ist ein hübscher Kerl. An dem rötlichgrauen Gefieder mit dem schwarzen Nackenband ist sie leicht zu erkennen. Noch bezeichnender ist ihr dreisilbiger, in der Mitte betonter Ruf „Duduhdu".

Bei den Fütterungen ist sie ein häufiger Gast, wenn sie sich erst einmal in einer Gegend eingenistet hat.

Noch nie hat sich eine Vogelart so schnell ausgebreitet wie die Türkentaube. Wir können nichts daran ändern, ob wir sie nun mögen oder nicht.

Unsere Tabelle sagt noch einige Einzelheiten über sie.

Der Eichelhäher

Dieser Kobold des deutschen Waldes hat schon manchen Waldgänger zum Narren gehalten. Man hört oft mitten im Wald die merkwürdigsten Geräusche, die sich einfach nicht in das Naturkonzert einfügen wollen; oder man vernimmt den wunderschönen Gesang eines Vogels, der eigentlich gar nicht dahin gehört, und dann stellt man plötzlich einige kleine Fehler fest und wird erschreckt durch scheußliche Mißtöne. Und nun begreift

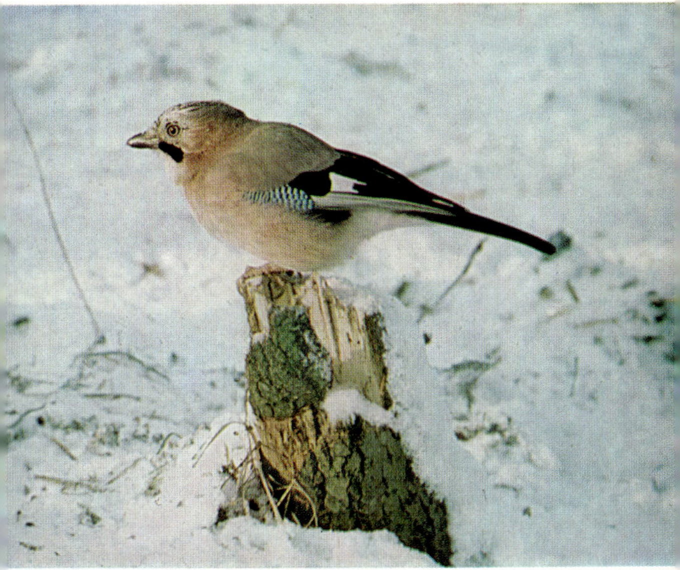

Andere Namen:	Markwart, Holzhäher, Holzschreier, Nußpickel, Kratschen.
Größe:	Etwas kleiner als eine Taube.
Besondere Kennzeichen:	Blauweiße Flecke am Flügel, weißer Bürzel. — Das „Rätschen".
Färbung:	Rötlichbraunes Gefieder, schwarzer Schwanz, blauschwarzgebänderte Flügeldecken, dunkelgestreifte aufrichtbare Scheitelfedern. Männchen und Weibchen gleich.
Stimme:	Häßliches, kreischendes Rätschrätsch. Ahmt andere Vogelstimmen und Geräusche nach.
Nahrung im Winter:	Eicheln, Bucheckern, Haselnüsse, Beeren, Getreidekörner.
Leckerbissen:	Haselnüsse, Bucheckern, Eicheln.
Standort:	Wandert im Winter in größeren Trupps umher. Bleibt aber bei uns.

man endlich, daß man dem Eichelhäher aufgesessen ist. Er hat uns zum besten gehalten. Sein Vermögen, Geräusche und Vogelstimmen nachzuahmen, ist groß. Niemand weiß, warum er es tut. Sicher nicht, um uns Menschen zu ärgern.

Der Eichelhäher ist ein hübscher Bursche von fast Taubengröße. Im Fluge und im Freien überhaupt ist er leicht an dem weißen, vom schwarzen Schwanz sich deutlich abhebenden Bürzel, dem weißen Fleck und den blauschwarzgebänderten Federn auf den Flügeln — ein beliebter Hutschmuck — sowie an seinem lauten Rätschen zu erkennen.

Der kleinste unserer Rabenvögel, das ist der Eichelhäher, kommt nur selten zur Futterstelle. Er braucht einen Wald oder Park in der Nähe, auch pflegt er sich Vorräte für den Winter zu verstecken. Hauptsächlich Eicheln. Da er die einzelnen Vorratsstellen manchmal vergißt, trägt er zur Verbreitung des Baumwuchses ungewollt bei.

Kommt er aber an die Fütterung, geht es hoch her. Er bringt es fertig, ganze Meisenringe zu verschleppen.

Da er von der Natur dazu bestimmt ist, ein Überhandnehmen der Kleinvögel zu verhindern, ist er ein sehr eifriger Eierräuber und Jungvogeljäger. Daher muß er, wenn seine natürlichen Feinde, Habicht, Sperber und Marder, durch unsere Schuld nicht mehr zahlreich genug vorkommen, von uns selbst kurz gehalten werden.

Unsere Tabelle gibt über weitere Einzelheiten Auskunft.

Seltene Gäste bei der Futterstelle

Es kann durchaus vorkommen, daß ein Vogel bei der Futterstelle erscheint, den wir in unserem Büchlein nicht erwähnt haben. So scheint der Hänfling immer häufiger im Winter bei uns zu bleiben, auch vom Girlitz wird dasselbe behauptet. Gelegentlich können auch der Erlenzeisig und der Birkenzeisig erscheinen. Die Feldlerche ist sehr selten am Futterplatz, noch seltener die Heidelerche, während die Haubenlerche auf den Bauernhöfen häufiger im Hühnerhof erscheint. Manchmal bleibt auch eine Bachstelze bei uns und die Misteldrossel kommt gelegentlich. Die Elster wurde schon im Text erwähnt. Grauammer und Stieglitz sind normalerweise auch nicht an der Fütterung zu erwarten. Die Schwanzmeise sah ich einmal, den Hausrotschwanz dagegen noch nie. Er soll aber auch ausnahmsweise bei der Fütterung erscheinen, wenn er aus irgendwelchen Gründen nicht nach dem Süden ziehen konnte.
Alle erwähnten Vögel dürften Ausnahmen bei unseren Winterfütterungen sein.

Literatur

R. Peterson, G. Mountfort, P. A. D. Holom (Übersetzer G. Niethammer): Die Vögel Europas. Verlag P. Parey, Hamburg und Berlin.

Otto Kleinschmidt: Die Singvögel unserer Heimat. Verlag Quelle & Meyer, Heidelberg.

R. Berndt und W. Meise: Naturgeschichte der Vögel (Bd. 1 u. 2). Franckh'sche Verlagshandlung, Stuttgart.

Fortunatus: Vogelvolk im Garten. Landbuch-Verlag GmbH, Hannover.

Wenzel/Ottens: Das Bilderbuch der Vögel. Landbuch-Verlag GmbH, Hannover.

Henry Makowski: Amsel, Drossel, Fink und Star. Franckh'sche Verlagshandlung, Stuttgart.

Heinrich Frieling: Was fliegt denn da? Franckh'sche Verlagshandlung, Stuttgart.

Franz Mösig: Vogelschutz und -hege. Albrecht Philler Verlag, Minden/Westf., (Lehrmeister-Bücherei).

Julius Gross/Hans Wagner: Taschenführer Vögel. Fackelträger Verlag Schmidt-Küster GmbH, Hannover.

H. Gasow: Vogelschutz als Tierschutz, Naturschutz und Schädlingsbekämpfung. Eugen Ulmer Verlag, Stuttgart.

Dr. W. H. Frickhinger: Praktischer Vogelschutz. Verlag Naturkundische Korrespondenz, Berlin.

Dr. Karl Mansfeld: Vogelschutz in Wald, Feld und Garten. Vogelschutzwarte Seebach, Thüringen.

Henze/Zimmermann: Gefiederte Freunde in Garten und Wald. BLV-Verlagsgesellschaft, München.

Inhaltsverzeichnis

Einleitung 5
Wie füttern wir 7
Was füttern wir 25
Die Futtermittel 31
Futtermittel für Weichfresser 34
Futtermischungen für Körnerfresser 35
Wann füttern wir 37
Wo füttern wir 40
Haussperling — *Passer domesticus* 44
Feldsperling — *Passer montanus* 48

Grünling — *Carduelis chloris* 52
Buchfink — *Fringilla coelebs* 56
Bergfink — *Fringilla montifringilla* 64
Kohlmeise — *Parus major* 68
Blaumeise — *Parus caeruleus* 72
Sumpf- oder Nonnenmeise — *Parus palustris* . 76
Tannenmeise — *Parus ater* 80
Haubenmeise — *Parus cristatus* 84
Baumläufer — *Certhia brachydactyla* . . . 88
Kleiber — *Sitta europaea* 92
Dompfaff — *Pyrrhula pyrrhula* 96
Amsel — *Turdus merula* 104
Rotkehlchen — *Erithacus rubecula* 112
Goldammer — *Emberiza citrinella* 116
Star — *Sturnus vulgaris* 124
Heckenbraunelle — *Prunella modularis* . . 128
Kernbeißer — *Coccothraustes coccothraustes* . 132
Seidenschwanz — *Bombycilla garrula* . . . 136
Wacholderdrossel — *Turdus pilaris* 140
Ringeltaube — *Columba palumbus* 144
Türkentaube — *Streptopelia decaocto* . . . 148
Eichelhäher — *Garrulus glandarius* 152
Seltene Gäste bei der Futterstelle 157
Literaturverzeichnis 159